法学と憲法の教科書

天野 聖悦 著

八千代出版

法は、人々の間に存する不信感の産物である。
人々の信頼関係は、法の大敵である。

まえがき

　このたび『法学・憲法講義［補訂版］』の「憲法」に加筆した。その際、原著者である青山武憲先生から、私の責任で加筆する許可のみならず、様々なかたちでご指導いただいた。そこで、思い切って、私の考えも取り入れたので、書名を改め新たな一書とすることにした。

　「法の一般理論」については、若干、削除した箇所もあるが、本質は変わっていない。

　教科書としての性格上、これまでと同様、個々の引用注は割愛したこと、それぞれの原著者にはご理解とご寛恕を賜りたい。

アンドレ・モーロア	『英国史』（水野成夫他訳）
城戸正彦	『戦争と国際法』
小室直樹	『日本人のための憲法原論』『日本国憲法の問題点』
高柳賢三	『英国公法の理論』
有斐閣Sシリーズ	『刑法』
H. シュロッサー	『近世私法史要論』（大木雅夫訳）
M. J. C. Vile	*Constitutionalism and the separation of powers*

補訂版まえがき

　本書は、執筆された当初の目的を果たして以来、長く使用されていなかった。このたび、教養科目としての憲法の講義にも使用するため、青山武憲先生に手直しをお願いしたところ、その作業を私に委ねて下さった。

　法令を最新のものに改め、それに伴い説明の変更が必要となったところを改めたほか、若干、加筆した。その際、引用したり参考にしたりした主要文献は次の通りである。初版と同様、引用注を割愛したことにご理解賜りたい。

西修監修	『世界地図でわかる日本国憲法』
松本英昭	『要説地方自治法』
青山武憲	『新訂憲法』『法学入門』

ロック	『市民政府論』（鵜飼信成訳）
有斐閣双書	『新民法概説』
有斐閣Sシリーズ	『商法』

まえがき

　日本大学法学部の法学の講義用の教科書として、本書『法学・憲法講義』を執筆した。教科書としての性格上、引用注は、これを割愛した。引用されている原著書のご寛恕をお願いしたい。

　できるだけ、入念に執筆したつもりであるが、万一本書を入手された読者が、欠点にお気づきの折りには、ご指摘をお願いしたい。

　なお、主要引用文献については、ここに掲載し、その他の文献とともに、感謝の意を表する。

団藤重光	『法律入門』
小池隆一	『法学』
尾高朝雄	『法』『法哲学』『法の窮極にあるもの』
市川秀雄	『法学』
峰村光郎	『法学概論』
高梨公之	『法学』
山田晨	『法学』
横田喜三郎	『純粋法学』
我妻栄	『法学概論』
我妻栄編著	『岩波法律学辞典』『新版法律学辞典』
清宮四郎	『憲法Ⅰ（第三版）』等
小林直樹	『憲法講義』
田上穣治	『日本国憲法原論』『入門憲法』等
水木惣太郎	『憲法講義』
畩村繁	『英米における国際法と国内法』
田畑茂二郎	『国際法』
樋口・吉田編	『世界憲法集』
西　修	『憲法』
美濃部達吉	『憲法概要』等
アリストテレス	『政治学』（山本光雄訳）

ヴィノグラードフ	『法における常識』（末延三次訳）
モンテスキュー	『法の精神』（宮沢俊義訳）
ルソー	『社会契約論』（栗原他訳）
Hans Kelsen	*Grundriß einer allgemeinen Theorie des Staates*
	General Theory of Law and State
	Reine Rechtslehre
H. Caines	*Legal Philosophy from Plato to Hegel*
W. M. Geldart	*Introduction to English Law*
D. Lyons	*Ethics and the Rule of Law*
F. W. Maitland	*English Constitutional History*

目　次

まえがき

第 1 部　法の一般理論

第 1 章　存在の法則と当為の法則　2
1　序　　論　2
2　存在の法則　2
3　当為の法則　3

第 2 章　法の概念　5
1　序　　論　5
2　法の本質に関する学説　6
3　法の意義　17

第 3 章　法の構造　22
1　序　　論　22
2　行為規範　22
3　裁判規範　23
4　組織規範　24
5　法の複合構造性　25

第 4 章　法の淵源　26
1　序　　論　26
2　成文法　27
3　不文法　47

第 5 章　法の分類　62
1　序　　論　62
2　国内法と国際法　62
3　普通法と特別法　65
4　強行法と任意法　68

 5 固有法と継受法 70
 6 公法と私法と社会法 72
 7 実体法と手続法 76

第6章　法の効力　78
 1 序　　論 78
 2 法の実定性 78
 3 法の効力 80

第7章　法の解釈及び適用　93
 1 序　　論 93
 2 法の解釈 93
 3 法解釈の指針 106
 4 法解釈学 108
 5 法の適用 112

第8章　法律関係　118
 1 人々の生活と法律関係 118
 2 権利及び義務の概念 118
 3 権利及び義務の分類 123
 4 権利及び義務の主体と客体 128
 5 権利及び義務の変動 129

第2部　憲　　法

第1編　憲法の基本原理

第1章　憲法の概念　136
 1 憲法ということば 136
 2 憲法学の対象としての「憲法」 136
 3 憲法の意義 137
 4 憲法の制定主体による分類 138

第2章 主　　権　…………………………………………………………… 141
1　歴史的・政治的な主権の概念　141
2　わが国の実定法上の主権　143

第3章 権 力 分 立　………………………………………………………… 148
1　序　　説　148
2　日本国憲法における権力分立　148
3　権力分立と「国権の最高機関」　150

第4章 日本憲法概史　……………………………………………………… 151
1　大日本帝国憲法　151
2　日本国憲法　152
3　大日本帝国憲法と日本国憲法の関係　154

第2編　日本国憲法の概要

第1章 天　　皇　…………………………………………………………… 156
1　象徴としての天皇　156
2　天皇の権能　157
3　摂　　政　158
4　皇 室 典 範　158

第2章 戦争の放棄　………………………………………………………… 159
1　戦争放棄条項の誕生　159
2　戦争放棄条項の政府解釈　159
3　文民規定の問題　160
4　国際警察行動　161
5　集団的自衛権　161

第3章 国民の権利及び義務　……………………………………………… 163
1　民主制の論理と憲法の論理　163
2　基本権の保障　164
3　平等の原則　166

4　制度的保障　168
　　5　第三者効力　169
　　6　基 本 義 務　170
　　7　公共の福祉　171

第4章　国　　　会　172

　　1　国権の最高機関　172
　　2　唯一の立法機関　174
　　3　国　　　会　174
　　4　二　院　制　174
　　5　国 会 議 員　176

第5章　内　　　閣　177

　　1　序　　　説　177
　　2　行政の意義　177
　　3　内　　　閣　178
　　4　内閣の責任　179
　　5　内閣総理大臣　179
　　6　行政委員会　180

第6章　裁　判　所　181

　　1　司法の意義　181
　　2　司法権の独立　184
　　3　最高裁判所裁判官の国民審査　186
　　4　法令等の合憲性審査　186
　　5　裁判の公開　186
　　6　国民の司法への参加　187

第7章　財　　　政　190

　　1　序　　　説　190
　　2　財政に関する国会の議決に対する制限　190
　　3　財政の監視　191

第 8 章　地 方 自 治　　192

    1　序　　説　192
    2　地方公共団体　192
    3　地方自治の本旨　193
    4　条　　例　193
    5　地方特別法　193

第 9 章　憲 法 改 正　　194

    1　序　　説　194
    2　憲法改正の手続き　194
    3　憲法改正の限界　195

第 10 章　最 高 法 規　　196

    1　序　　説　196
    2　基本的人権と最高法規　196
    3　公務員の憲法尊重擁護義務　197
    4　占領下における最高法規性　197
    5　条約及び国際法規の順守　197

日本国憲法　198
大日本帝国憲法　207

凡　例

法令の略称

憲法	日本国憲法
典範	皇室典範
帝憲	大日本帝国憲法（本文で使用する際は「帝国憲法」）
国事行為	国事行為の臨時代行に関する法律
公選	公職選挙法
行組	国家行政組織法
地自	地方自治法
独禁	私的独占の禁止及び公正取引の確保に関する法律
法適用通則	法の適用に関する通則法（本文で使用する際は「法適用通則法」）
民訴	民事訴訟法
民訴規	民事訴訟規則
刑訴	刑事訴訟法
刑訴規	刑事訴訟規則
裁弾	裁判官弾劾法
会検	会計検査院法
行訴	行政事件訴訟法
ポ宣	ポツダム宣言

判例集の略称

最(大)判	最高裁判所(大法廷)判決
最(大)決	最高裁判所(大法廷)決定
大判	大審院判決
刑集	最高裁判所刑事判例集
民集	最高裁判所民事判例集

第1部
法の一般理論

第1章
存在の法則と当為の法則

1　序　　論

　「法」ということば自体は、いろいろな意味で用いられる。権力分立論（the theory of separation of powers）、とりわけ三権分立論で著名なモンテスキューは「法とは、その最も広い意味においては、事物の本性から生ずる必然的な関係である」と述べたが、この意味における「法」とは、いうまでもなく、一般に「法則」（law, Gesetz, loi）と呼ばれているものである。

　法則といえば、普通、事物世界（自然界）におけるものとして使用されることが多いが、知的世界（経験界）でも用いられる。たとえば、経済学分野における一物一価の法則とか、論理学分野における充足理由の法則とか、行政学分野におけるパーキンソンの法則とかいわれるものもそうである。

　この事物世界の法則と知的世界の法則とは、互いに無関係ではないが、両者の間には、決定的な違いがある。前者においては、原因と結果との関係に例外がないのに対して、後者においては、ほとんどの場合、両者の間に例外が存在するのである。

2　存在の法則

　事物世界においては、すべての事象は、例外のない「条件または原因と結果の絶対的な関係」の上に成り立っている。たとえば、水素と酸素とが、2対1の割合で化合すれば（条件）、必ず水ができ（結果）、その他のものができ

ることは絶対にない。このような事物世界の事象は、すべて一定の因果律（Kausalgesetz）・因果の法則の上に成立しているのであって、その法則自体には、何の目的もなく、条件（あるいは原因）と結果との関係に何の変化も存在しない。

　原因と結果の法則が整然と守られている状態を「秩序がある状態」というが、事物世界においては、この秩序すなわち自然の秩序は絶対であり、したがって、事物の変化はまったく例外のない一定の秩序を保っている。それゆえ、同一の事情の下においては、常に同一の変化が確認される。このようなことに鑑みれば、そこにおける法則は、単に事物がかく「ある」ということを表示または説明しているに過ぎない。それゆえ、事物世界を支配している法則は、通常「ある」（be, Sein, être）法則、あるいは、学問的に「『存在』の法則」と呼ばれている。つまり、この法則は、何ものによってつくられたものでもない自然界に存在する法則であって、それは、しばしば「自然の法則」（lex naturalis, Naturgesetz）とも別称される。このような法則においては、その法則の善悪とか、正邪といった価値評価を伴う問題は、一切存在しない。そこに存するのは、およそ価値判断とは関係のない条件（あるいは原因）と結果との不可分の関係である。

　自然科学が直接に研究の対象とするのは、いうまでもなく、自然的現実であり、すべてこの種の法則である。法学は、この種の法則とまったく無関係というわけではないが、これを専らまたは直接に研究の対象とする学問ではない。

3　当為の法則

　事物世界と異なり、知的世界は、いかなる法則によっても完全には支配されず、むしろ歴史的には、もともと秩序のない世界であった。生物は、その起源あるいは誕生に際して、知的作用を営んだわけではないからである。生物、殊に人類が、知的作用を営み始めることによってはじめて、新たな法則、知的世界にかかわる法則が発生したのである。

人は、物理的存在としては、他の事物と同じく、例外なく不変の法則（すなわち自然の法則）によって支配される。「人は、死すものである」というようにである。ただ、知的存在としての人は、しばしば無知、誤謬、感情あるいは欲望といった不確定な要素の支配を受ける。そして、そのようなものによって支配されている人の行態（行為と態度の複合語）は、往々にして多様なかたちで現れる。したがって、そのような種々の行態を伴う人々の単なる関係は、必ずしも定型をもたず、もともと無秩序か、少なくともそれに近かった。そこで、人は、その無秩序あるいはそれに近い状態を秩序あるものとするために、一定の目的の下に、自然の法則とは異なる種々の法則を意識的あるいは無意識に生み出した。たとえば、意識的には、宗教家は天主（God）の法を唱え、哲人は道徳（Sittlichkeit）の法を説き、立法者は政法及び市民法（lois politiques et civiles）をつくったのである。

　このようにして、無秩序な人間関係に規範的な秩序が確立される。このような人の行態のよるべき基準が、「規範」（Norm）と呼ばれるものである。したがって、これは、「あるべき」法則あるいは「『当為』（Sollen）の法則」または「規範的法則」とも呼ばれる。

　このような法則は、もともと、相対的な存在である人の所産であるから、観念的・仮説的なものであって、絶対的なものとして説かれる自然法は別として、決して絶対のものではない。たとえば、法学の分野で、刑法199条の「人を殺した者は、死刑又は無期若しくは5年以上の懲役に処する」という規範に含まれる「人を殺すなかれ」という法則は、しばしば絶対的なものに思え、いつ、いかなるときにも守られるべき法則のように思われるが、この法則でさえ決して絶対ではない。たとえば、正当行為（刑法35条）、正当防衛（刑法36条）、緊急避難（刑法37条）といった場合には、その法則を徹底することができないのである。刑罰として死刑の制度が現存しているのも、自衛戦争が認められ、そこでの殺傷行為のすべてを否定できないのも、また同様の例である。

第2章

法の概念

1 序　　論

　法学の歴史は長い。しかし、法学は依然としてその研究対象である「『法』とは何か」について、明確な答えを出してはいない。というのも、この問題が、単に法学の範囲だけではなく、哲学はもとより、その他の学問分野と深いかかわりをもっていることから、その答えを安易に出すことが困難だからである。

　法が人の行態を拘束するものであることについては、何人もこれを否定しない。しかし、およそ人々の中で、その誕生に際して、法に従うことを誓約した者などいない。にもかかわらず、人は、法に従いたくない場合にも、有無をいわせず、法によって、その行態を支配されている。

　このようなことから、人は、なぜ、法によって拘束されるのかという疑問が生ずる。これは、法の本質に関する問題である。そこで人は、この法の本質を究明する作業を余儀なくされる。ところが、このように人の行態を支配する規範は、法のほかにも存在する。宗教規範とか、道徳規範等が、そうである。このようなことから、法たる規範とそれ以外の規範との拘束の仕方、拘束の範囲に違いがあるのか否かという疑問も生ずる。これは、法たる規範とそれ以外の規範との線引きの問題である。この問題は、法たるものを確定する作業を不可避に要求する。

2 法の本質に関する学説

2.1 神意説

　神意説は、法をもって、天地万物を支配する天主（God）あるいは神々（gods）による直接的または間接的な意志の啓示（revelation）であると説く。この説は、法を「過つ」ことのない絶対的な存在である天主の意志の表明であると説くことによって、法に普遍的な妥当性・拘束力を認めるのである。

　原始社会において、原始人が、自然との困難で危険な闘争をその生活のすべてとしていた頃、その自然哲学は、自然に対する畏敬や劣等感に立脚するものであり、超克できないすべての自然的事象を天主あるいは神の仕業と考えた。そこでは、自然の法則の究明はなされず、自然と天主あるいは神とが混同されたのである。人の行態を支配する自然の法則の存在が意識されない状態では、法と宗教とは、しばしば一体であり、その法と宗教との一体性は、こんにちまで、神話伝説等いろいろなかたちで語り継がれ、あるいは、文書図画等のかたちで伝承されている。こんにち知られているその代表的なものとして、エホバは、シナイ山においてモーゼに法典を授け、アラーまたは大天使（the Archangel）ガブリエルは、マホメットにコーランを口授し、遥かに古くハンムラビは、その法典を太陽神から受け取ったと伝えられている。さらに、古代ギリシア人にとって、法律の女神ダイクは、ゼウスの娘かつ贈り物であり、古代フリーズランド人の伝説によれば、最古の裁判官・法の発見者・最初の立法者であるアセーガは、神によって法を教授されたと伝えられている。

　このようにして、現実に人の行態を支配する法則（実定法）の制定権をもった支配者を、それ自身「天主あるいは神」として、「天主あるいは神の子」として、あるいは、「天主あるいは神の代理」等として考える古代の思想は、中世の宗教法学にも影響を与え、こんにち、包括的に「神権説」(the divine right theory）として紹介される。その内容は、より具体的には、「神君同一説」「神権代理説」「王権神授説」等々区々である。大日本帝国憲法もこのよ

うな思想を反映したものであることは、その告文に顕れている。こんにちでも、天主あるいは神の権威を法の根底に置いている制度を採用している国家は、いわゆる先進自由主義国家の中にも少なくない。たとえば、「天主および人間に対する責任を自覚して」という書き出しで始まるドイツ連邦共和国基本法、アメリカ合衆国の独立宣言及びアメリカ合衆国憲法の運用とか、アメリカの多数の州憲法等において確認される。最近では、2000年1月1日から実施されているスイス憲法が、その前文の冒頭に「天主」を掲げている。また、イギリスはいわゆる国家教会主義の国であり、バチカンはいわゆる教会国家主義の国といわれる。

この神意説は、1つの哲学的独断説としては、ある種の説得力を有し、その価値が認められるが、実証主義的論法をとる人々に対しては、説得力に欠ける。一体、徹底した実証主義者にとっては、「天主あるいは神の存在」さえ疑われるところである。ましてや、何をもって天主あるいは神の意志とするかの確定・実証が、非常に困難である。ただ絶対の天主あるいはその意志が、相対的な人間によって実証できるものであれば、それは絶対の天主ではない。

歴史的には、少なくとも法学の分野においては、この説の支持者は、実証主義者の台頭によって漸減の方向を辿ってきた。しかし、神意説が完全に崩壊したわけではない。というのも、権力者が実定法を利用して横暴になったとき、人はそのような横暴な権力者の追放をしばしば実定法を超越する権威に求めたからである。そのような権威として、天主あるいは神の法（あるいはその変形ともいえる後述する自然法）が説かれたのである。

2.2 正 義 説

正義説は、法の本質を「正義」であると説く。法は、正義そのものであるからこそ、人を従わせる拘束力を有するというわけである。この説は、古代ギリシアの純粋哲学に由来し、今でも、かなりの影響力を有している。およそ法が正義と矛盾する場合には、それをもって人を従わせることに説得力はない。そのような場合に法が拘束力を喪失する運命を辿ることは、人の圧政

に対する抵抗の歴史の中で示されている通りである。また逆に、法が正義であるとすれば、それをもって人を従わせることにつき、少なくとも説得力はある。

しかし、法を正義と説く場合には、「『正義』とは何か」という問題が、まず説明されなければならない。ところが、この正義の問題は、ことばほどに安易に解決できるものではない。というのも、何が正義であるかは、価値観と密接に結びつき、倫理観、宗教観あるいは世界観等の違いによって、しばしば異なるからである。たとえば、ある宗教においては、離婚が否定されたり、また他の宗教においては、複数の妻帯が認められている。これらの宗教の正義観念が法として機能し得るか否かは、法社会がどのような者たちによって構成されているかによって異なるのである。

先に論じた神意の存在を信ずる者においては、正義とは、神意ということになる。これは、いわば宗教的正義といわれるものである。この立場の説くところは、神意説と同じである。しかし、わが日本国憲法下の法制は、思想的にこの宗教的正義には立脚しておらず、これを確認する如く、信教の自由の保障といわゆる政教分離の制度の保障を規定している。宗教的正義は、法によって尊重されるものの、法制から分離されているわけである。またこの立場は、「宗教は民衆にとって阿片である」と説き政教分離を完全に行う理論に立脚する共産主義国家の法については、まったくの説得力を欠く。

かつては、平等と正義とを同一視する立場も存在した。この立場からは、たとえば、累進課税制が平等（正義）なのか、均一税率制が平等（正義）なのかという類いの問題が存在する。これは、いわゆる「配分的正義」といわれるものと「均分的正義」といわれるものとの差異である。

さらに、個人の良心をもって正義と同視する見解も存在する。これは、いわば倫理的正義を論ずるものである。良心といえば、常に良い内容を有するものであると仮定されるから、良心を本質とする法が拘束力を有するという理論には、説得力がある。しかし実際には、個人の良心が正義であるかどうかは、必ずしも明らかではない。法が良心であるとする場合、各国の法内容は、一致して然るべきであるが、実際には、個人の良心が人によって異なる

ように、各国の法内容も、国によって大いに異なっている。自由主義諸国家の法制と社会主義あるいは共産社会主義の諸国家の法制とは、非常に異なっている如くである。それでも、個人の良心をもって法内容とする思想は、「すべて裁判官は、その良心に従ひ独立してその職権を行」うというように、ある程度現実化されている（憲法76条3項）。この場合の個人の良心には、客観的正義が期待されているのだが、客観的な正義であるべき良心の内容の確定は、非常に困難である。客観的正義を実現したはずの各裁判官の判断に差異が存するのは、それを例証するものである。とすれば、法を良心そのものとすることには、立法に際しても解釈に際しても明らかに問題がある。

　抽象的には、法が正義でなければ、人を拘束する説得力に欠けるが、しかし、法を正義とするには、その正義の内容が人により異なりすぎる。また、右側通行とか、左側通行とかは、法内容的にも、法によってつくり上げられる秩序としても、正義とは無関係である。なお、マルクス主義においては、法は、階級的搾取の手段として理解され、その正義の結びつきが否定されている。

　ところで、19世紀から20世紀にかけて成果を上げた自然科学の影響を受けて、もともと、人間の関係の正義的秩序を問題としてきた規範科学あるいは「価値の学」一般が、19世紀初頭以来、因果的方法を導入する傾向を示すようになり、その結果、正義が問題とされることなく、人間の事実的な行動における因果法則的な必然性が、問題とされるようになった。しかし、法学が、「正義的」と「法的」とをまったく分離し、価値とまったく無関係な学問となってしまえば、それは、法学の自滅を意味する。法の中には、交通法規のように、およそ正義とは関係なく、社会秩序を生み出すためのまったく技術的なものもある。このような法に関して、正義の問題は、一見希薄に思える。しかし、このような技術的な法も、その遵守いかんは、社会秩序維持のための社会的正義とかかわってくる。このように、法の本質を正義と見るか否かはしばらくおいても、法と正義とは決して無関係でないことについては、留意される必要がある。

2.3 命令説

　この説は、法をもって「主権者の命令」(the command of the sovereign) とする。かつて、主権論が法理論として完成していたわけではないが、この説は、実在する最高権力を主権と説き、その主権をもつ者の命令に人を拘束する力を認めたわけである。かつての天主（の意志）に代えて、主権者（当初は「君主」）の命令に拘束力を認めるものである。この理論は、法理論的には、合理的であって、したがって、こんにちも通用する。

　もっともこんにちでは、誰が主権者であるかについて、過去の理論との間に差異が存する。君主主権から国民主権への変化が見られるからである[1]。また、かつての主権論が、現実の具体的現象に着目した政治学的・社会学的なものであったのに対して、こんにちでは、主権が少なくとも法学分野では、しごく法理論的に説かれる。この法理論においては、主権者が、君主であろうと国民であろうと、その所在は大した問題ではない。というのも、この場合の君主あるいは国民とは、過去・現在・未来にわたって連綿と存続する君主あるいは国民であって、抽象的観念的な存在にすぎないからである。それゆえ、法理論的には、主権者は、この世に存在せず、実際には、命令を発することができないからである。現在、法的には、この命令説は、観念論の世界の問題にすぎず、現実の法制上は、最高機関が何であるかこそが重要な問題である。たとえば、人民主権の共産主義国家では、現存の人民は、最高ソヴィエトあるいは人民代表会議、引いては、それを牛耳った共産党の支配の対象でしかなかった。国民主権のアメリカ合衆国では、連邦最高裁判所が、いわゆる違憲立法審査権を簒奪したことによって (Marbury v. Madison, 1803)、司法権の優位が育まれ、民主的に選ばれた者によって組織されるわけではな

---

[1] ちなみに、イギリスにおいては、こんにちでも、主権者は、「議会における王」(King in Parliament)（通常、これを「王」という）であって、これは、「議会主権」(Parliamentary sovereignty) とも呼ばれている。このイギリスの議会は、かつて「男を女にし、女を男にすること以外のあらゆることをなし得る」（ド・ロルム）と、その強い権限が評されたが、EUの存在が、漸次、イギリスの議会主権を脅かしつつある。また、ブレア政権以降、世襲貴族院の力が弱められ、現実の主権の所在は、流動的であるが、それが、漸次、庶民院に収斂しているようである。

い連邦最高裁判所が幅を利かしている。同様に、国民主権のドイツ連邦共和国でも、憲法の番人として憲法裁判所が設けられ、それが、最高の機関として機能している。主権が「議会における君主」にあるイギリスでは、庶民院が、実質上の最高機関といえ、至極、民主的な国家となっている。

　ともあれ、かつてこの理論においては、実在する最高権力の命令でありさえすれば、それが、拘束力を有するわけである。したがって、この理論においては、「悪法もまた法」ということになる。それゆえ、この説に対しては、正邪善悪と法すなわち正義と法とが隔離され得る場合がある、という批判がなされてきた。もっとも、これに対しては、抽象的には、法が正義と結びつくべきことは当然の要請であるとしても、「正義」の概念が必ずしも明らかではない以上、悪法か否かの判定が困難であるから、両者の関係を論ずることは、具体的には、必ずしも容易ではないという見解も存在する。しかしながら、そのような見解に対しては、正邪の判断が困難な場合もあるが、明らかな悪法は存在するという反論が可能である。

　またこの説に対しては、主として国家と国家との関係を支配するいわゆる国際法については説明できないという批判がある。特にかつての政治学的・社会学的な君主主権論においては、君主が他国の意志に拘束されるとすることについて説明ができないとされたのである。もっとも、これに対しては、国際法を君主の自己拘束として説明する者もある。現実には、いわゆる国家主権の概念に伴い、各国は、独立対等の存在であり、その「国」内で国政を最終的に決定する主権者は、国民であろうと君主であろうと、他国の主権者の意志には、拘束されない。国際司法裁判所規程36条の応訴主義は、そのような前提に立ったものと思われる。

　さらに、この説においては、主権者の命令としてできたのではない不文法について説明ができないという批判がある。慣習法のごときは、人々の生活慣習の所産であって、主権者の命令ではないからである。しかし、これに対しては、主権者に容認されない慣習は法とはなり得ないという反論がなされている。

　この命令説は、法を主権者の命令にほかならないとして、法と道徳とを峻

別することによって、道徳の立場からみだりに法を批評する態度を排斥した点、法学に対して与えられた職分は実定法を正確に理解するにあるとしたこと、換言すれば、法学は、飽くまでも実定法の学であり、それゆえ、何が法であるかを論ずべきであって、法がいかにあるべきかの問題にまで立ち入るべきではないと説いたなどの点で、一考させられるところがある。

2.4 実　力　説

　実力説においては、法は、力として、また、「強者が弱者を支配する手段」として理解される。この説の起源は、遠く古代ギリシアのソフィストの一派にあるが、その後の歴史においても、「力は正義である」(Might is right) とか、「力は法に優先する」(Macht geht vor Recht) とか、「勝てば官軍」といったことが、いろいろな人によって、しばしば口にされた。これらはいずれも、力が人の行態を支配できるという思想に立脚するものである。最近の代表的な実力説は、エンゲルスらの思想により、社会現象を変化させる原動力を経済に求める唯物史観を体制化した社会主義社会に確認される。

　法と力の両者を同一のものと見るべきか否かは、一言で論ずることはできないが、少なくともその両者は無関係ではない。法に力が伴っていなければ、法は、人を拘束することができないからである。人をまったく従わせる力をもたない法が、真に法の名に値するかは疑問であり、その意味では、法と力とが、一致しているといえる。しかし、法以外の規範にも、ときに力が伴うことがあるから、力と法とを常に同一視するわけにはいかない。ときに、法をさえ無視し、法が定めるところに反して思想や信仰に殉ずる人は、決して少なくないのである。また、他方で、法が力を生み出す場合もあり、また逆に、力が法を生み出す場合もある。このような法と力の関係は、わが国内的事項に関する法制においては、たとえば、法の形式的効力の面を考慮し、

　　　憲法制定権力＞憲法＞ 立法権 ＞法律＞ 命令制定権 ＞命令＞
　　　 条例制定権 ＞条例

というように図式できる（憲法41条、73条6号、94条、行組12条、13条、地自14条1項など）。この場合に、究極的には、法が力そのものであることのほかに、

「権力(力)が法をつくる」「法が権力を規制する」という2つの命題の関係に関する問題が存在する。この場合、もとより、法に力を生み出す力を認めながら、他方で、法と力とを別異のものとして論ずるものである。この場合、最終的には、法が力を生み出すのか、それとも、力が法を生み出すのかが論じられなければならない。これ関して、かつて、シェイエスは、その著『第三階級とは何か』の中で、最高規範である憲法に関して、「憲法を制定する力」(pouvoir constituant)と「憲法によって制定された力」(pouvoir constitué)とを区別したが、この場合にも、「憲法を制定する力」を規制するなんらかの規範が存在するか否かの問題が究明されなければならない。さもなければ、憲法制定権力は、万能になり、たとえば、特定の民族の殲滅を認める憲法も有効なものとなる。

要するに、法がなんらかの力を有し、それによって人の行態を拘束できることは否めない真理であるが、しかし、法と力とを常に同一視できるかということについては、力には種々のものがあるから、消極に解さざるを得まい。

ちなみに、現実の国際法の社会では、力が幅を利かし、敗戦国あるいは弱国は、強力を行使する国家の意思に支配されている。第2次大戦後、戦勝国側が敗戦国側を裁いたのは、その力によるものであった。事後刑法の禁止とか、罪刑法定主義が、普遍的な法の原則であるとすれば、たとえば、極東国際軍事裁判に確認される如く、戦勝国側は、法を無視して、力を法としたのである。

2.5 自然法説

この説は、自然状態において存在する「万古不易の真の法」、いわゆる自然法を想定する。その内容は、絶対的な正義であり、これに法としての拘束力を認めるから、一種の正義説に属する。この説においては、自然法に反する実定法は、すべて否定される。

このような説は、古代ギリシアのストア学派に確認され、中世には、キリスト教神学と結合しながら継承され、近世初頭に合理主義の哲学が勃興すると、商業主義的中産階級の要請に応えて、自然法を、「全く不変のものであ

って、天主自体によっても変革し得ないもの[2]」としながら、より世俗的に、それも財産的な利益を保護する性格のものとして説かれるようになった。しかしその後、19世紀の歴史法学や実証主義的な法学の出現によって、自然法は、暫時その勢いが衰えた。それでも、19世紀末から20世紀にかけて新しい科学的な理想主義者シュタムラーが、批判主義的自然法思想を披瀝し、「変容する自然法[3]」を唱えて以来、自然法は再び見直され、いわゆる「自然法の再生」が宣せられるまでになった。そして、現代は、イタリアの民事訴訟法学者マウロ・カペレッティが述べているように、かなりの国家が「自然法」と「実証主義」との「結合の時代」にあるといえる。

　ちなみに、歴史的には、自然法は、とりわけ危機の時代に顔を出している。この点に関して、ブライス卿は、危機に再興した自然法について、「ほぼ2000年もの間、無害の格言、およそ倫理学の平凡な常套語であったもの」が、ある瞬間に「ダイナマイトの塊」に転化され、「旧来の王制を粉砕してヨーロッパ大陸を振動させた」と指摘した。実際、この自然法説や神意説は、圧政を覆そうとする国民が存する国家において、歴史を転換させ得る起爆力になり得るものである。19世紀を支配した法実証主義は、民主主義を勢いづけ、国家社会主義の体制さえ生み出したが、そのような体制が崩壊すると、自然法は、わが国やドイツで体制の基盤的な思想として復権している。

　自然法思想は、自然状態を支配した自然の法則に由来するが、およそ生物の世界では、自然状態で存在したのは、弱肉強食と適者生存の法則であって、およそ正義とは無関係であった。ジョン・ロックは、天主がつくった自然法という説き方をしたが、天主を想定すれば、自然法は、正義と結びつき得るが、その理説は、神権説と同じものとなる。

2.6　社会契約説

　この説は、法または国家の根拠を「人々の契約[4]」に置く。法は、その遵

2　天主によっても変革し得ないとすれば、絶対とされる天主の能力を相対化してしまう。
3　自然法が変容するのであれば、その定義と矛盾する。
4　ここで（社会）契約とは、いわゆる契約行為ではなく、「合同行為」である。

守を人々が約束してできたものであり、そのような約束事であるから、人を拘束する力をもつというのである。

　社会契約の原理そのものは、既に古くプラトンの考え方に確認され、また法の権威が人民に由来するという考え方は、中世にも存した。しかしながら、社会契約という概念がはっきりと政治的及び法律的な主題として用いられ始めたのは、宗教的な権力に対して世俗的な権力を強調したパドゥアのマルシリウスやオッカムのウィリアムらによってである。その後、この説は、着実に成育し、たとえば、グロチウス、ホッブス、プーフェンドルフらが、それぞれ人類が社会契約を結ぶに至る過程を説いている。

　しかし、人類が社会契約を締結したという事実を立証することは、困難である。人類の社会形成期には、およそ契約の意識さえ存在しなかったからである。このことに関連して、たとえば、カントは、法や国家が契約に基因するというのは人間の理性の要請による仮定であって、その契約が歴史的に存在したか否かを実証することは不必要であると主張している。もっとも、社会契約に類似する現象は、歴史的に皆無というわけでは決してない。たとえば、アメリカ大陸への上陸に際してなされたメイ・フラワー号上の誓いの如きは、一種の社会契約であるといえる。また、新たな国家体制を築くに際して、憲法を制定し、その承認を求める国民投票を行う如きは、かたちを変えた一種の社会契約である。連邦国家になると、社会契約の実証は、決して難しくはない。

　この社会契約の思想は、とりわけジャン・ジャック・ルソーによってその名声を高めた。彼は、その代表作『社会契約論』(1762)の中で、各人は、まず、社会契約によって自己の権利のすべてを共同体に譲渡し、次に、共同体から、その共同体によって保障された「各人が共同体に譲渡したと同一の権利」を譲り受けると説いている。それ以前にホッブスは、その代表的な著作『レヴァイアサン』(1651)の中で、各人は、そのすべての権利を国家に譲渡すると説き、またロックは、その著『国政二論』(1690)の中で、各人は、その権利の一部を国家に譲渡すると説いた。

　ところで、社会契約説については、何よりも先に、「何故、契約は守られ

なければならないのか」という法命題の解明が、不可避の作業となる。この説の前提として、「契約は守られなければならない」（pacta sunt servanda）という契約に先行する法が存在しない限り、約束事を法の拘束力の根拠とすることはできないからである。また、この説においては、すべての約束事がすべて拘束力をもつことになるが、悪い約束事も法として認められるかという問題の解明も、不可避の作業である。いわゆる「悪法も、法か」という同じ命題の問題である。「悪い約束事は守られなくてもよい」とすれば、そのようなことを認める法の存在が、社会契約に先立って必要となるわけである。

2.7 歴史法説

この説は、法を「民族精神の堆積」すなわち「国民の間に自然発生的・歴史的・経験的に成立するものである」と主張する。すなわち、法は、言語と同じく、民族精神の発現であって、法が拘束力を有するのは、民族の法的な確信があるからであると説くのである。

この説は、イギリス及び英語圏に確認されるコモン・ロー（common law）[5]の国家とか、どこの国家にも存在する慣習法等については、説得力を有する。しかし、歴史法学派による唯一の淵源を慣習法に求める非合理主義的な方法は、とりわけ民族の特殊性を過大視する結果に繋がるもので、法的な不統一状態を永続させかねない。また、歴史法説には、「慣習法を尊重し、立法者の権威を軽視する」傾向がある。この説においては、たとえば、君主主権が否定され、国民主権が樹立されたように、旧来の慣習を打破すべく革命によって成立した法に見られるような、民族精神の堆積ではなく、理論とその実践の結果できた法の実効性あるいは通用性が説明し難い。

さらに、この説においては、法の「進化性」が力説されるあまり、新旧の

---

5 コモン・ローとはイギリスで成育した法であり、①制定法ではなく、非制定法、②宗教的な法あるいは教会法ではなく、世俗的な法、③地方的な法ではなく、全国的な法である。これを判例法と説く者が少なくないが、判例法には、制定法を解釈して判例法となったものがあるから、両者は、同一のものでは決してない。コモン・ローは、地方的な慣習で全国的に共通するもの、巡回判事が、地方で判決に用いた慣習法で全国的に共通するものを意味するから、もともとは、全国的に共通する慣習法と見るのが正しい。

法を問わず、法が目指し、しばしばその性格として有する「恒久性」が無視される嫌いさえうかがわれる。

2.8 根本規範説

これは、法秩序の最高命題として法論理的意味の根本命題を認める立場である。その根本命題は、根本規範（Grundnorm）とか、始源規範（Ursprungsnorm）と呼ばれる。すべての法は、この根本規範に由来するゆえに通用するというわけである。

批判的実証主義者で法段階説を説いたことで有名なケルゼンによれば、この根本規範は、法論理的に、仮説的に実定法の前提として認められるもので、それ自体は、実定法ではない。その内容は、「無」であり、具体的に何かを示しているわけではない。この説は、一見、自然法と同様、観念論的に思えるが、自然法は絶対的正義を内容としているから、その点において、自然法説とは異なる。

これに対して、故清宮四郎法博らは、実定化された根本規範論を説く。たとえば、大日本帝国憲法が、「大日本帝国ハ万世一系ノ天皇之ヲ統治ス」（1条）と定め、日本国憲法が、「主権が国民に存することを宣言し」（前文1段）としている如きがそれであるというのである。しかし、根本規範がこのように実定化されているとすれば、それは、実定法と根本規範との間にいずれが先行するものか不明で、「鶏卵の先争い」の問題を生じさせる。

3 法の意義

3.1 社会生活における規範

ここで、法とは、まず、社会生活における規範である。人間の行動が、単独にであれ、集団としてであれ、自然の法則に従うことは決して少なくない。ここでいう規範は、そのような自然の法則と決して無関係ではないが、しかし、そのような法則と常に必ず一致しているわけではない。その規範は、飽くまでも、社会を前提としているものであって、その前提なしには考えられ

ないものである。それは、人間が社会を形成するために、あるいは、人間が社会を形成してその中で生きるために不可欠のものなのである。

　ここでいう社会生活の規範とは、必ずしも特定の社会の規範とは限らない。ここで「法が、社会生活における規範」というのは、法学の研究対象としての法がこの範疇の規範に属するということである。この意味の規範は、いわゆる「社会あるところに法あり」(Ubi societas, ibi ius) というように説かれる。この「社会あるところに法あり」という場合の法とは、多種多様なすべての社会に不可欠に存在する規範を意味するから、しごく広範である。たとえば、宗教規範、倫理・道徳規範、文化規範等が、そうである。

　かつて、古代ギリシアの哲学者アリストテレスは、「人間は、社会的動物である」といった。また『法における常識』の著者として知られるヴィノグラードフは、「社会的交渉は、人間にとって自然の命ずるところである」と述べた。もし人間が孤立して生きることが、一般的に可能であれば、人間も下等な動物と同様、専ら自然の法則に支配されるであろう。しかし、自然状態は、自然の法則の下で、一見自由な状態にあるが、その状態は、実際には、危険と恐怖と生存のための闘争が常に存する状態である。自然状態には、「弱肉強食」とか「適者生存」という厳しい自然の掟があり、そこには、無秩序に近い危険と恐怖が存在するのである。それゆえ、猿やゴリラといったいわゆる高等な動物ほど、集団を形成しながら、安全に生きようとしており、人間もその例外ではない。それどころか、人間は、とりわけ高等な動物であって、複雑な知的あるいは精神的な作用を営む。それゆえ、人間は、ただ単に安全に「生きる」というだけではなく、愛情、趣味、信仰、文化等のより多様な要素を契機としても集団を形成し、そこで「幸福を求める」などなんらかの目的を実現するために生きようとする。そのような集団あるいは社会の中で、各構成員が、自然状態と同様の自由を享有するとすれば、その集団あるいは社会は、再び無秩序化し、集団あるいは社会として存立し得ない。そこで、集団あるいは社会は、それぞれの結成目的に応じて、各構成員の自由を制限する当為の法則を不可欠とするのである。そのような法則によって、各構成員間の自由の衝突・無秩序な状態の発生を防止するのである。それが、

宗教の規範であったり、倫理・道徳の規範であったり、その他文化の規範等であったりするのである。法規範もまた、そのような類の規範の1つなのである。

このような意味において、ここで法学が研究の対象とする法とは、まず、社会生活における規範といえるのである。

3.2 政治的に組織された社会の規範

既述の通り、社会生活における規範には、宗教規範、倫理・道徳規範、文化規範等があるが、法学が研究の対象とする法とは、政治的に組織された社会の規範である。この政治的に組織された社会の規範こそは、その他の規範に比較して、最も体系化されており、最も実効性を有している。

もっとも、この政治的に組織された社会の規範とその他の規範との間に明白な一線をもって画することは、非常に困難である。というのも、法の中には、もともと他の規範と共通する性格を有するものが、少なくないからである。たとえば、礼拝所不敬罪（刑法188条）とか、墳墓発掘罪（刑法189条）が宗教規範と共通し、公然猥褻罪（刑法174条）とか、強姦罪（刑法177条）が倫理・道徳規範と共通する如くである。

学者によっては、この政治的に組織された社会の規範を「国家によって承認された規範」と呼ぶ者もいる。というのも、政治的に組織された社会の中でも、国家が最も統一された中心的な権力をもつ社会だからである。しかしながら、政治的に組織された社会には、そのほかにも、「交戦団体」[6]のようなものがある。そのような団体も、法を有しており、この団体の法を無視す

---

6 交戦団体とは、国際法上の交戦者としての資格を認められている叛徒の団体をいう。叛徒の団体にそのような資格を認めることを「交戦団体の承認」という。交戦団体として認められるには、概ね、次のような要件が必要とされる。
①叛徒に「国家からの分離」または「政府転覆」等の目的があること
②叛徒が一定の地域を占め、政府をもち、その地域の秩序を保持していること
③本国と闘争状態にあり、国際法規を遵守する意思と能力を有すること
　本国が叛徒を交戦団体として承認すれば、本国と交戦団体とは、戦時法規の下に立ち、本国は交戦団体の行為について責任を免れる。外国によって交戦団体としての承認がなされると、以後、交戦団体は、承認国に対して自らの行為の責任を負う。

ることは妥当ではない。ここで「国家によって承認された規範」という表現に代えて、「政治的に組織された社会の規範」というように規定した所以である。

3.3　直接または間接に政治的に組織された権力によって保障された規範

かつて、イェーリングは、「強制の無い法は、自家撞着である」「国家によって実施される強制は、法の絶対的な基準」と述べた。実際、いかなる規範も、その不遵守が放任されている状態では、まったく画餅に等しい。とりわけ「政治的に組織された社会の規範」に対する不服従が横行するようでは、社会全体が混乱に陥ってしまう。実際、法の法たる所以は、その違反に対して、強度に保障されたその実効性の強さにあるのである。

宗教規範とか倫理あるいは道徳の規範とかは、宗教観や倫理観あるいは道徳観の違いを強制するわけにもいかず、政治的に組織された社会の規範（法規範）ほどに、その実効性及び一般的な通用性を有しない。

その法の実効性を保障するものに関しては、国内法と国際法とでは差異が存する。国内社会と国際社会とでは、社会の完成度に差異があるためである。完成度の高い国内社会では、その法が統一された強制力によって支えられているのに対して、完成度の低い国際社会では、国際法は、依然として、そのような強制力を欠いているのである。国内法の場合、その違反を除去したり、その違反に対して制裁を加えるための権力が確立されているのに対して、国際法においては、そのような力が、国内法のように十全ではない。特に大国の違法行為に対しては、国際法は、国内法的な確固たる強力によって、これに対抗する能力に欠けているのである。それゆえ、この点に鑑みて、国際法については、その法的な性格を認めず、これを国際的な道徳規範と同一視したり、あるいは、その法的な性格に疑問を呈する向きがある。

しかしながら、このような見方に対しては、国際法に違反したものを社会的秩序の破壊者として非難することに一種の強制力を認め、その法的な性格を認める見解もある。この見解においては、法を維持するために、常に必ずしも具体的な制裁というようなかたちでの強制力が必要とされるわけではな

いと説かれる。しかし、この見解においては、国際社会における道徳的基準に違反した行為に対しても、ときに強い非難が存在するから、そのような規範と国際法との区別が困難になる。

　思うに、国際法も、強制力を伴って存在すべき法であるが、現在は、その強力の装置が欠けているにすぎない。そのような欠点のゆえに、法を法ではないと説く見解には与することはできない。およそ道徳としてつくられたのではなく、法として定立されたものは、たとえ強制力が欠けていても、法であることには変わりはない。国際法は、形式的には間違いなく法であるが、その実質において、道徳的に機能しているに過ぎない面があるという現実を呈しているだけである。これに対して、純粋に国際社会の道徳と見られるものには、理論的にも強力装置を必要とするわけではない。この点において、国際法と国際社会の道徳とは異なる。一体、国際法のような強制力を欠く法の例は、国内法にも存在するのである。たとえば、訓示的な規定の如きが、そうである。ただ現実には、国際法は、その強力装置を欠いているにもかかわらず、国内法以上によく遵守されている。

第3章

法の構造

1 序論

　法、とりわけ実定法は、人類が長い歴史の中で社会生活を営むに際して、いかに行動すべきか、あるいは、いかなる行動を慎むべきかについて経験的に形成してきた規範の集積であり、人間の生活を実践的に規制する行為規範の1つの類型である。

　このように法と呼ばれる行為規範は、かつては、為政者の専恣的な意志であり、それも、独断的に執行されたことさえあった。しかしながら、現代のほとんどの国家においては、それは、原則として、一定の組織と手続きを通して定立され、また、一定の手続きを通して執行される。すなわち、法については、単に人を拘束する規範の内容だけではなく、それを定立し、執行する組織及び作用についても、規範化されているわけである。

　このようなことから推知できるように、法は、畢竟、行為規範、裁判規範及び組織規範をもって複合的に構成されている。

2 行為規範

　法は、まず、直接に人々の行態を支配するもの、すなわち、行為規範によって構成される。このような行為規範としては、法規範のほかにも、宗教規範とか、道徳規範とか、習俗規範といったものがある。

　これらの規範と法規範とは、その内実において峻別することが困難な場合

が少なくない。現実の法規範は、相当程度にその他の規範をその内容として含んでいるからである。それゆえ、場合によっては、法規範の中には、倫理・道徳規範と法機能的に異ならないものもある（プログラム的規定）。ただ行為規範としての法規範は、まず、内容上、単に「信仰」とか、「倫理観」とか、「慣行」といった特殊な要素のみに立脚するものではない。法規範は、社会のあらゆる要素を加味しているものであって、その意味においては、法規範は、他のいかなる規範よりも、複雑で広範な要素をその内容として有しており、それは、他の規範に比し、複雑な諸相を呈してもいる。次に、行為規範としての法規範は、原則として、政治的に組織された社会で、その社会によって直接または間接に保障されるという点において、他の規範と異なる。それは、宗教観や倫理観あるいは道徳観等差異を有する人々を超越した社会で定立され執行されるのである。さらに、それは、人の行態を規制するもので、他の規範と異なり、内心を直接に規制するわけではない。法は、原則として内心に入らないのである。

　人の行態を直接的一般的に規定している法としては、たとえば、刑法、民法及び商法等といったものがある。法を構成している行為規範とは、通常、この種の直接的かつ一般的に人の行為を規定している法をいう。

3　裁判規範

　次に、法は、裁判規範によって構成される。この裁判規範ということばは、必ずしも一定した意味で用いられてはいない。たとえば、ある者は、これを「裁判官が、裁判において、訴訟の客体としての事実に関する法律の価値判断の準則となる規範」の意味で用いる。この意味における裁判規範とは、行為規範に相当する観念であって、刑法、民法、商法等はこれに属する。

　また、ある者は、裁判規範ということばを「裁判官が、その裁判手続き上遵守しなければならない規範」という意味で用いる。この場合、刑事手続きとか、民事手続きに関する法、より具体的には、刑事訴訟法とか、民事訴訟法とかが、裁判規範に属することになる。

通常、裁判規範ということばは、前者の意味で用いられる。したがって、通常の用法における裁判規範という観念は、行為規範という表現でもおかしくはない。また、この意味の裁判規範に後者の意味の裁判規範を含めてもおかしくはない。何故なら、手続き法としての裁判規範は、主として「裁判官の行為の規範」であって、この意味では、限られた者に対してであるが、行為規範としての性格を有しているからである。

　なお、実体法としての裁判規範は、裁判官に対しては、裁判規範であっても、一般人にとっては行為規範ということになる。この意味の裁判規範は、原則として、政治的に組織された社会においてその社会によって直接または間接にその実現が保障されるという意味で、宗教規範や道徳規範等を含まない限られた範囲の行為規範である。

　この限られた範囲の規範に関する裁判規範と行為規範との区別は、法を見る観点の相違によって生じるものである。歴史的には、法は、まず行為規範として発達し、次に裁判規範として発達している。

4　組　織　規　範

　さらに、法は、組織規範によって構成される。組織規範とは、行為規範や裁判規範を定立したり、適用したり、執行する仕組みを定めている規範であって、たとえば、憲法、国会法、公職選挙法、内閣法、裁判所法、検察庁法、国家公務員法、各省設置法等といったものは、原則として、そうである。

　この組織規範は、一般人の生活の準則である行為規範ではなく、また、原則として、一般人の生活関係を秩序づけるための判断基準となる裁判規範でもない。それは、国家の機構を尊重させ、その機構によって承認を得た規範によって、社会生活を統一した秩序あるものとしようとするための規範である。このような規範が存在するからこそ、一定の社会、就中国家は、矛盾のない法社会として存立し得るのである。

　この組織規範の規定によって、たとえば、わが国では、立法行為は国会が営むところとなっている（憲法41条）。少なくとも、法律については、原則

として他の機関による制定は認められないのである。また、この組織規範の規定によって、わが国では、法律を具体的事件に適用及び執行する作用は、行政としては内閣（憲法65条）が、また司法としては裁判所が行うところである（憲法76条1項）。

5　法の複合構造性

　法が、行為規範と裁判規範との複合的構造であることは、かねてより、多くの学者が指摘していた。組織規範とは、このような規範に、いわば実定法的な権威を与え、あるいは、そのような権威を与える手続きを定める規範である。

　組織規範についてはじめて唱論したのは、おそらくスイスのブルックハルトであろう。しかし、彼が説いたところは、あくまでも、社会生活の行動の準則を定める「行為規範」と、法の定立の組織を定める「組織規範」の2種別であった。法の3種の構造をはじめて説いたのは、わが国の広浜嘉雄であり、彼が、法を組織規範と社会規範と強制規範（裁決規範）とからなるものと説いたのである。

　一体、組織規範を抜きにして、各行為規範や各裁判規範及びその両者の規範のそれぞれの統一は、実際には考え難いことである。それゆえ、国法の体系に一元的な統一を与える組織規範というものを法の3重構造性の観点から明示した広浜嘉雄の功績は、法哲学的に高く評価されるところである。

第4章

法の淵源

1 序　　論

　法の淵源または法源ということばは、実質的には、法が実在として成立する基礎を意味し、形式的には、法が実在として現れるかたちを意味するが、極めて多用され、論者によって、その用法もまちまちである。たとえば、ある者は、これを法の妥当性の根拠という意味で用いる。この意味の法源としては、神の意志とか、正義とか、主権者の命令といった法の本質にあるものが挙げられる。次に、ある者は、法源を法規範の内容をなす要素という意味で用いる。この意味の法源としては、宗教規範とか、倫理あるいは道徳の規範とか、習俗的規範等といったものが挙げられる。さらに、ある者は、法を認識する材料として用いる。この意味の法源としては、人によって異なるが、法典とか、学説とか、立法理由等とを挙げる者がいる。

　以降においては、法源を「法を構成している資料」という意味で使用する。この意味における法源は、まず、成文法と不文法に大別される。次に、この意味における法源は、直接的法源と間接的法源というように大別することができる。前者は、法の淵源とされているものが、直ちに法としての効力をもつものをいう。成文法はこれに属する。これに対して、後者は、法源とされているものが、それ自体としては、効力をもつことなく、国家がなんらかのかたちでこれを法として認めたときにはじめて、法（直接的法源）として認められるものをいう。不文法はこれに属する。

2 成　文　法

2.1　成文法の長所と短所

　成文法とは、文字通り、明文で表現され、一定の手続きと形式に従って制定され、公布される法をいう。特に法を定める意識をもって定められた法という意味において、「制定法」とも呼ばれる。未開社会においては、法は、不文法であったが、人類が文字を発明すると、法は、漸次、成文法となった。というのも、成文法は、不文法に比して、法の存在・形式・内容の理解が比較的に容易であり、法制の欠点・長所が判明し易く、したがって、改革を行う際に好都合だからである。もっとも、このような成文法には、法の固定性と現実社会の流動性との間に懸隔が生じ易く、また、法律用語の意味が画定され勝ちなために、立法が複雑になり、結果、専門・技術化し、一般の国民にとっては、理解が困難になるという欠点もある。

2.2　憲　　法

2.2.1　実質的意味の憲法と形式的意味の憲法　　憲法の概念を一言で説明することは、困難である。憲法は、その存在の形式に鑑みて、実質的意味と形式的意味の憲法とに分類できる。

　そのうちまず「実質的意味の憲法」とは、国家の組織及び作用に関する基礎法（lex fundamentalis）のことをいう。それは、より具体的には、領土の範囲、国民の要件、統治の組織及び作用、国家と国民との関係等について基本的なことを定めた法である。もっとも、そのような基礎法とその他の国法とを絶対的に分別する基準は、必ずしも明らかではない。

　この意味の憲法においては、たとえば、1814年のフランス憲法のように「憲章」（Charte Constitutionelle）という名称が付されていようと、あるいは、1949年のドイツ連邦共和国憲法のように「基本法」（Grundgesetz）という名称が付されていようと、少なくともその「名称」が問題とされることはない。

　また、それが成文化されているか否か（成文憲法か、不文憲法か）、あるいは、

１つの成文典として存在しているか否か（成典憲法か、不成典憲法か）などが問題とされることもない[1]。すなわち、その「存在の形式」が問われることはないのである。

　さらに、この意味の憲法においては、それが他の国法に対していかなる「効力関係」に立つかも問題とされることはない。何故なら、この意味の憲法は成文のかたちをとるとは限らず、成文のかたちをとる場合にも、憲法、法律、条約等いかなる法形式をとるかは、不明だからである。

　この意味の憲法は、時と所とを超えて、あらゆる国家に存在するが、そのことは、たとえば、古代国家における国の基本法が、「憲法」として把握され呼称されていたことを意味しない。国家の基本的な組織及び作用に関する法が、「憲法」と呼ばれるようになったのは、近代になって、国家の基本法として成典化された法が、アメリカ合衆国で「憲法」（Constitution）と呼ばれたときからである。この実質的意味の憲法があらゆる国家に存在するということの意味するところは、そのように「憲法」という名称を付されたものの実質に注目した場合、その実質を備えた法は、古今を問わず、あらゆる国家に固有に存在するということである。実質的意味の憲法が、固有の意味の憲法と呼ばれる所以である。

　次に、「形式的意味の憲法」とは、特別の形式で成文化された法規範（成典憲法）をいう。この場合、通常「憲法」とか「基本法」とか「憲章」等といった国家の根本体制を定めた法であることを推知させる特定の名称が付されるのが、一般である。また、この意味の憲法には、多くの場合、実定法の中で最も強い形式的効力が与えられる（たとえば、憲法98条1項）。

　ところで、形式的意味の憲法は、概ね国家の基礎法であるが、例外的に、実質的には憲法といえないものを含んでいることがある。たとえば、かつてのスイス憲法25条の2が「出血前に事前の麻酔をなさずに動物を殺すことは、一切の屠殺方法及び一切の種類の家畜についてこれを禁ずる」と定め、

---

[1]　成典憲法（形式的意味の憲法）は、従来、成文憲法と呼ばれていたが、実質的意味の憲法が法律や命令等といった他の成文法のかたちで存在することもあるから、ここでは、成典憲法と成文憲法とを区別する。

同法31条の4の5項が「アルコール性飲料の戸別訪問売買及び移動売買は、これを禁止される」と定めた如くである。

　形式的意味の憲法は、至極少数の憲法の例外を除けば、通常の立法手続きをもって変更することができない（硬性憲法）[2]。それゆえ、その改正が困難であればあるほど、変容する社会の動きにも対応できるように、憲法規定は、極めて一般的・抽象的な表現であることが望まれる。事実に臨機に即応することが要求される具体的な事項は、改正が容易な他の法形式、とりわけ法律で規定されるべきである。

2.2.2　固有の意味の憲法と近代的意味の憲法

憲法は、その性質に注目して、固有の意味の憲法と近代的意味の憲法とに分類できる。「固有の意味の憲法」とは、実質的な意味の憲法と同義である。これに対して「近代的な意味の憲法」とは、西洋の近代の政治体制の特徴を内容としてもつ憲法を意味する。かつてフランスの「人と市民の権利の宣言」（Déclaration des droits de l'homme et du citoyen)」（1789年）16条は、「およそ権利の保障が確保されず、権力の分立が定められていない社会は、憲法をもつものではない」と規定した。また近代は、民主主義の台頭（国民参政）と自由を擁護するための装置（司法権の独立）が仕組まれた時代である。したがって、その近代を特徴づけるものとしては、①権利の保障、②権力の分立、③国民参政、④司法権の独立等を挙げることができる。このようなことを内容としてもつ憲法は、立憲主義的な憲法とか、あるいは、理想主義的な憲法と呼ばれた。

　しかし、このような特徴をもつ近代の憲法は、参政権を行使できる市民の範囲を限定し、他方で、自由を豊富に保障したために、貧富の差その他の国民間に較差を生じてしまった。これに伴い、「現代的な意味の憲法」は、近代憲法の原理を基礎としながらも、その欠点を修正するために、たとえば、

---

[2] 硬・軟の区別を、単純に憲法改正手続きの難・易におく立場もあるが、この基準は相対的で必ずしも明確ではない。また、憲法を改正する「社会的事情の力」の強弱、つまり、憲法改正の頻度によって硬・軟の区別をしようとする立場もあるが（K. C. ウィーア等）、その境界線も明確ではない。

①国民参政の幅の拡大（普通選挙制度の導入）、②社会権的な法制の保障、③司法的な合憲性の統制を新たにその内容として加える傾向がある。もっとも、これらが、すべて形式的意味の憲法の内容をなしているとは限らないし、また、それらの具体的な内容は、国家によって異なる。たとえば、フランス第五共和制憲法は、政治的合憲性の統制の制度を有しているが、司法的な合憲性の統制の制度をもっていないのである。

2.3 法　　律

2.3.1 実質的意味の法律　　法律の概念も、一口で説明することは困難である。法律とは、その実質的意味においては、国民に対して一般的に新たな義務を課しまたは権利を規制するもの（いわゆる「法規」）であるが、その他形式的意味の憲法が規定しない国政の基本的なものを定めるものを含む。そのうち後者は、もともと形式的意味の憲法として顕現すべきものであるが、それをすべて形式的意味の憲法とすることは、不可能であることから、国民主権原理ともっと手を組み易い民主制の論理によって、法律の内容として要請されるものである。また、各国憲法は、それ以外にも、本質的に実質的意味の法律に属しないものについて、議会による立法事項としている場合がある。その場合、これらの議会の立法事項のすべてに、「法律の留保」が存在することになる。この立法事項の範囲は、歴史的、習俗的に決定されるもので、その範囲は、各国の事情によって異なる。

わが国においては、実質的意味の法律は、日本国憲法上、原則として国会によって制定されるが（憲法41条）、次のように日本国憲法が認める場合には国会以外の機関によっても制定される。

　①訴訟に関する手続き、弁護士に関する最高裁判所規則（憲法77条1項）
　②法律の委任に基づいて刑罰を定める政令（憲法73条6号）
　③条約による立法（憲法73条3号）
　④条例による場合（憲法94条）

予算は、国会の議決を必要とするが（憲法86条、73条5号）、国の機関を拘束するにすぎず、国民の権利・義務について定める性格のものではない。し

たがって、予算は法律とは異なり、公布（憲法 7 条 1 号）する必要はない。

2.3.2 形式的意味の法律　　形式的意味の法律とは、議会が法律として定めたものをいう。議会は、予算とか条約等のほかにも、その意志を表明するが、これらの議会の意志は、もとより、法律ではない。こんにち、皇室典範は、形式的には法律であるが、実質的には憲法である。

　日本国憲法上、形式的意味の法律は、原則として、日本国憲法 59 条の手続きをもって、国会によって制定される（憲法 41 条）。しかし、このことは、法律制定過程のすべてが国会によって独占されることを意味しない。法律制定過程は、発案→審議→議決という段階を辿るが、この過程は、必ずしも国会によって独占されていないのである。

　まず、発案に関しては、内閣法 5 条によって内閣の発案権が認められているから、行政機関が、法律制定過程に参加し得る[3]。次に、審議に関しても、日本国憲法 63 条は、明文規定をもって、内閣総理大臣その他の国務大臣の議院への出席等を認めているから、国会が審議を独占しているわけではない。最後に、議決に関しては、日本国憲法 95 条が、一の地方公共団体のみに適用される特別法につき、その地方公共団体の住民投票を認めているから、議決も、国会によって独占されているわけではない。

　公布は、成立した法律を国民に周知させるためになされる行為で、法律制定過程に属しないから、国会の権限に属せず、天皇が行う（憲法 7 条 1 号）。

2.4　命　　令

2.4.1 実質的意味の命令と形式的意味の命令　　広く命令とは、実質的には、立法権を有する議会（わが国では、国会）の議決によらずに制定される法規をいう。この意味において、裁判所等によって制定される法規も、命令に属するが、日本国憲法は、最高裁判所による法規に対しては、特別に「規

---

[3] 日本国憲法に先行して制定された内閣法 5 条は、憲法制定権力によって定められたものであるから、憲法制定権力は、その規定を通して、日本国憲法 41 条の「唯一の立法」の例外を認めたのである。

則」という名称を与えている（憲法77条1項）。通常の実質的意味の命令は、より狭く、行政機関によって制定される法規をいう。それゆえ、地方公共団体によって制定される法規も、命令の部類に属するが、これに対しては、日本国憲法は、特別に「条例」という名称を与えているから（憲法94条）、ここでいう命令には、条例を含まない。

　なお、日本国憲法58条の議院規則は、傍聴人を規制するが、傍聴人は、国会との特別な約束事によってその地位にあり、したがって、一般国民と異なるから、この議院規則は、法規性に欠ける。日本国憲法62条の運用上議院規則で定められる証人については、証人に関する議院の内部規律に係る場合を除き、議院外に係ることについては、法律の委任によるべきである。

　次に、形式的意味の命令とは、法規に限られることなく、広義には、立法権を有する議会が法律として制定した以外の国家機関が制定した法規範のすべてをいい、狭義には、国家の行政機関が命令として定立したものをいう。

　このうち、狭義の命令については、その法規性を基準として、大きく行政命令と法規命令とに分類できる。前者が、法規性を欠くのに対して、後者は、法規性を有する命令である。行政命令には、行政機関の上下関係で発せられる訓令（Anweisung）と、行政機関がその内部の職員に対して発する職務命令（Anordnung）とがある。この行政命令は、一般国民と直接のかかわりをもたないことから、一定の公布形式をもっていない。法規命令は、独立命令と非独立命令とに分類される。大日本帝国憲法上には、独立命令が存在し、それは、代行命令（緊急勅令）と（狭義の）独立命令（警察勅令）とに分類された。これに対して、非独立命令は、執行命令と委任命令とに再分類される。大日本帝国憲法は、執行命令については規定した（帝憲9条前段）が、委任命令については明示の規定はなく、それは、慣習憲法として認められた。日本国憲法も、執行命令は明示に認められたが（憲法73条）、委任命令については、これを日本国憲法76条ただし書から認める説と慣習憲法として認める説とが存在する。したがって、わが国では、法規命令には、歴史的には、次の4種が存することになる。

　①代行命令　法律に代わる命令（法律と同等の形式的効力）

②独立命令　法律から独立した命令
③執行命令　法律を執行するために必要な細則を定める命令
④委任命令　法律の委任に基づいて法律事項を定める命令

　日本国憲法の下においては、国会が唯一の立法機関であるから、代行命令及び独立命令は認められない。したがって、日本国憲法の下では、執行命令及び委任命令だけが認められる。そして、そのような命令は、その形式的効力においては、法律の下位にある。

　執行命令の根拠については、立法と行政の性格上、日本国憲法の規定を待たずに認められるべきであるが、日本国憲法73条6号とか国家行政組織法12条は、その根拠を明示に規定している。委任命令について、通説は、まず、日本国憲法73条6号ただし書を挙げて、その反対解釈と勿論解釈との手法を駆使してこれを認め、さらに、内閣法11条等を根拠規定として例挙する。しかし、日本国憲法73条6号ただし書規定は、刑罰法律主義をも内容とする憲法31条に対応し、慣習憲法として認められてきた委任命令に刑罰規定を設け得ることを定めたものであり、委任命令を一般的に認めた規定ではない。この委任命令は、命令的規定を定めることができるにすぎない執行命令とは異なり、これによって、能力規定を定めることができる。しかしながら、委任の範囲にも自ずから限界があり、法律事項または上級官庁の専轄事項を、一般的・包括的に命令に白紙委任することはできない。

　日本国憲法においては、その第73条6号が、「この憲法及び法律の規定を実施するために、政令を制定すること」と規定しているため、内閣が「憲法」を実施するために実質的意味の立法として政令を制定することができるか否かが、問題となり得る。この点に関連して、第1次鳩山一郎内閣は、憲法を実施するために政令を制定することができると解して、昭和30年1月に、いわゆる「褒章条例」（明治14年太政官布告63号）を政令で改正して、従来の、紅綬褒章、緑綬褒章、藍綬褒章及び紺綬褒章」に加えて、新しい種類の褒章を設けた（黄綬褒章及び紫綬褒章）（昭和30年政令7号）。

　この政令は、法律を実施するためのものではなく、また、法律の委任に基づいたものでもない。ところで政府は、この改正以前に、栄典に関する事項

はすべて法律で定めるべきものと解して、そのような解釈に基づいて、褒章に関する規定を含む栄典法案を国会に提出したことがある（昭和20年）。この2つの事例に見られるかつての政府の姿勢には、一貫したものはない。

　思うに、右政令の褒章規定のごときは、国民の権利自由を一般的に制限するものではなく、したがって、日本国憲法41条の実質的意味の立法に属せず、国会と内閣の競管事項である。それゆえ、鳩山内閣の措置は、決して違憲ではないが、立法の形式をとったほうが、民主主義を徹底したことになり、異論も出なかったはずである。ただ本来憲法に規定すべきような重要事項は、国民の権利自由を制限するものではないものでも立法事項と解されるべきであるから、そのようなことについては、法律の委任を必要とするものと解されるべきであるが、栄典に関しては、日本国憲法の7条7号の天皇の行為に対する内閣の助言と承認の基準づくりの問題であり、特に法律で定めなければならないわけでもない。

2.4.2　形式的分類　　命令を制定する権能の所在を標準とした命令の分類は、形式的分類と呼ぶことができる。日本国憲法は、内閣が制定する政令について触れているにすぎないが（憲法7条1号、73条6号）、このことは、内閣の下にある各種の行政機関が命令を制定できないことを意味するものではない。

　各命令の形式的効力の順位については、日本国憲法は、これを明示に規定していないが、その順位は、命令権者の地位によって定まる。

　①政令　　内閣が制定する命令のことである。命令の中では、最高位にあって、大日本帝国憲法時代の勅令に相当するが、政令の定める範囲は、勅令に比較すると、著しく限られたものである。

　政令は、日本国憲法73条6号からも明らかなように、原則として、執行命令的性質を有する。ただその規定は「政令には、特にその法律の委任がある場合を除いては、罰則を設けることができない」として、委任命令的性質があることを認めている。日本国憲法73条6号が、一般的に委任命令を認める規定か、罰則を設ける場合に限って委任命令を認める趣旨か、必ずしも

明らかではないが、この規定がかつて大日本帝国憲法時代において存在した台湾に関する「律令」、朝鮮に関する「制令」について確認される「法律事項の一般的な委任」を否定する、いわば政令の限界を宣明した規定である。

政令は、主務大臣が原案を内閣総理大臣に提出して閣議を求め（内閣法4条3項、行組11条）、閣議の決定を経て（内閣法4条1項）、主務大臣の署名と内閣総理大臣の連署の後（憲法74条）、天皇がこれを公布する（憲法7条1号）。

②内閣府令及び省令　内閣府令とは、法律もしくは政令を執行するために、あるいは法律もしくは政令の委任に基づいて、内閣総理大臣によって発せられる命令である（内閣府設置法7条3項）。この内閣府令は、法律の委任がない限り、罰則を設け、または義務を課し、もしくは国民の権利を制限する規定を設けることができない（内閣府設置法7条4項）。

次に、省令とは、法律もしくは政令を執行するため、あるいは法律もしくは政令の委任に基づいて、各省大臣によって発せられる命令である（行組12条1項）。この省令も、法律の委任がない限り、罰則を設け、または義務を課し、もしくは国民の権利を制限する規定を設けることができない（行組12条3項）。その他にも、内閣府及び各省の「外局」の長は、政令・内閣府令または省令以外の規則、その他の命令を発することができる。これらの規則や命令も、法律の委任がない場合には、罰則を設け、または義務を課し、もしくは国民の権利を制限する規定を設けることはできない（国行組13条）。このような規則・命令としては、公正取引委員会規則（独禁76条）、国家公安委員会規則（警察法12条）、中央労働委員会規則（労働組合法26条）等を例挙することができる。

2.4.3　最高裁判所規則　日本国憲法77条は、司法権の独立及び最高裁判所の専門的な能力の活用の一環として、制限的に列挙しながら、最高裁判所規則による「訴訟に関する手続」と「弁護士」に関する立法を認めている[4]。

4　訴訟に関する手続きの例としては、裁判員の参加する刑事裁判に関する規則、刑事訴訟規則、民事訴訟規則等が、弁護士に関する例としては、総合法律支援法による国選弁護人等契約弁護士に係る費用の額の算定等に関する規則等がある。

この立法は、下級裁判所に委任することができるが（憲法77条3項）、下級裁判所によってなされる立法について、憲法は名称を与えていない。

　最高裁判所規則と法律の効力関係について、日本国憲法は明らかにしていないが、国権の最高機関である国会による立法がその他の立法に勝るべきは、当然の理であり、したがって、法律は、最高裁判所規則に優位する。ちなみに、日本国憲法77条1項は、例示的に列挙しながら、「裁判所の内部規律」及び「司法事務処理に関する事項」といったいわゆる司法行政についても、最高裁判所規則で定め得ることを認めているが、これらについても、法律は、同様の理由で規則に優位する。

2.5　条　　例

2.5.1　意味　条例とは、実質的には、地方公共団体によって制定される法規を意味するが、形式的には、法規性の有無にかかわらず、地方公共団体が、条例として制定するもののすべてを意味する。そのうち、前者は、日本国憲法41条の「唯一の立法」の例外である。

　条例はまた、広狭2つの意味で用いられ、広義には、地方公共団体による自治法の総称であり（憲法94条）、狭義には、地方公共団体の議会が制定する地方自治法上の「条例」をいう（地自14条1項）。通常条例というときには、そのうち後者を意味し、以降においても、この意味で用いる。また、前者には、狭義の条例のほかに、地方公共団体の長によって制定される規則（地自15条1項）、特別の法律規定に基づいて地方公共団体の委員会が制定する規則または規程（地自138条の4・2項）がある。そのうち、後者の規則または規程としては、たとえば、公安委員会規則、教育委員会規則、人事委員会規則、公平委員会規則等がある。このいずれにおいても、条例が法規であるとは限らず、その中には、行政が含まれている。

　条例は、命令と異なり、法律の委任を必要としない。これは、条例が民主的性格を有することを理由としている。この条例は、地方公共団体の自治に基づいた狭義の国法とは別の独自の法体系を形成している存在である。しかし、このことは、条例が国法と矛盾抵触する内容を有し得ることを意味しな

い（憲法94条）。

2.5.2　条例制定権の根拠　　条例制定権の根拠については、日本国憲法上、94条説と92条説とが対立している。そのうち前者は、94条を地方公共団体が有する自治権の当然の内容として自主立法権があることを明らかにした規定と解する。これに対して、後者は、条例制定権は、92条の「地方自治の本旨」ということの中に含まれていると解しながら、94条は、これを受けて条例制定権を保障し、しかも、それが「法律の範囲内」で行われるべきことを定めていると主張する。この点に関して、最高裁判所は、「地方公共団体の制定する条例は、憲法が特に民主主義的組織の欠くべからざる構成として地方自治の本旨に基づき（憲法92条）、直接第94条により法律の範囲内において制定する権能を認められた自治立法にほかならない」としている（最判昭和29年11月24日刑集8巻11号1866頁）。

　思うに、地方自治は、国家が主権をもたない統治権をもつ地域団体の存在を保障するものであるが、日本国憲法は、その地域団体が国会の専権である立法権や最高裁判所及び下級裁判所が独占する司法権をもつことまで保障するものでは決してない（憲法41条、76条1項）。その場合、地域団体に認められた統治権（自治権）といっても、大学の自治に見るように、自治を認められた団体が、立法権や司法権を有するとは限らない。わが国の地方自治の伝統を顧慮し、日本国憲法41条が立法権を国会に独占させ、司法権を最高裁判所及び法律が定める下級裁判所の専権としていることに鑑みれば、わが国の地方公共団体とは、もともと地方自治行政団体である。日本国憲法92条は、その地方公共団体の組織及び運営に関する事項の法的なあり方（住民自治と団体自治）を定め、その94条は、その自治行政団体が行政権と法律が定める範囲で立法権を有することを定めたものである。日本国憲法94条が条例制定権に「法律の定める範囲」という条件を付したのは、統一的な意志を有すべき国家の中に、国家と異なる意志を有する団体が存在することを否定する主旨からである。

2.5.3 「法律の範囲内で」の意味
条例は「法律の範囲内で」（憲法94条）定められるが、ここで「法律の範囲内で」ということの意味するところは、次のようなことである。

①条例制定手続きの法定　狭義の条例は、普通地方公共団体の議員が条例案を提出し（地自112条1項）、議会が審議し、議会が議決することによって制定される（地自96条1号）。議長は、条例の制定または改廃の議決があったときは、その日から3日以内に、それを当該地方公共団体の長に送付しなければならない（地自16条1項）。条例の送付を受けた普通地方公共団体の長は、それについて再議その他の措置を講ずる必要がないと認めるときは、その日から20日以内に、それを公布しなければならない（地自16条2項）。条例は、特別の定めがあるものを除くほか、公布の日から起算して10日を経過した日から、これを施行する（地自16条3項）。当該地方公共団体の長の署名、施行期日の特例、その他条例の公布に関して必要な事項は、条例によって定められる（地自16条4項）。

条例の制定または改廃については、普通地方公共団体の議会の議員及び長の選挙権を有する者は、政令の定めるところにより、その総数の50分の1以上の連署をもって、直接請求が認められている（地自74条以下）。地方税の賦課徴収ならびに分担金、使用料及び手数料の徴収に関する条例の制定または改廃の請求をすることはできない。

②条例の所管事項の法定　条例の所管事項は「自治事務」と「法定受託事務」に関する事項である（地自2条8項、9項）。自治事務とは、法定受託事務以外の事務のことであり、法定受託事務は、本来、国が行うべき事務だけれども、法律または政令により都道府県・市町村・特別区に委託された事務（第1号法定受託事務）と、本来、都道府県が行うべき事務だけれども、法律または政令により市町村・特別区に委託された事務（第2号法定受託事務）に細分される。たとえば、国政選挙の実施、旅券の発給、戸籍の作成管理などは第1号法定受託事務として、都道府県の議会の議員または長の選挙の実施等は第2号法定受託事務として規定されている（地自別表参照）。

条例の中には、法規としての性格をもつものとそうでないものとがあり、

前者については、とりわけ罰則が問題となる。地方自治法14条3項は、これについて、「条例に違反した者に対し、2年以下の懲役若しくは禁錮、100万円以下の罰金、拘留、科料若しくは没収の刑又は5万円以下の過料を科する旨の規定を設けることができる」と定めている。このような刑罰権の条例への委任については、日本国憲法31条の刑罰法律主義及び73条6号の一般的委任命令の禁止との関係において、問題を提起する者がある。しかし、判例は、「条例によって刑罰を定める場合には、法律の授権が相当な程度に具体的であり、限定されておればたりる」とし、上記の規定をそのような場合に相当するとしてその合憲性を認めている（最判昭和37年5月30日刑集16巻5号577頁）。命令の場合と異なり、条例が、もともと民主的な要素をもった手続きで制定されることに鑑みれば、条例に対する刑罰の委任は、命令の場合に比して、より広範であり得る。

　そのような条例の性格から、次に、普通地方公共団体が、法律よりも厳しい罰則を条例で定め得るかの問題が生じる（いわゆる上乗せ条例）。また、法律が定めたことに関連してその範囲を広げて条例で定め得るかの問題も生じる（いわゆる横だし条例）。このような場合、法律の全体の精神あるいは法律を制定したとき立法者の意思からして、そのような条例が容認されると推測される場合に、これらを違憲とする必要はない[5]。

　なお、普通地方公共団体の長による過料（地自15条2項）については、刑罰ではなく、秩序罰（5万円以下の過料）であることから、上記のような憲法上の問題が論じられることはないが、しかし、法律で過料を過度に広範に認める場合には、日本国憲法31条の問題となり得る。

　この地方公共団体には、司法権は、認められていない。したがって、条例の定める罰則を適用して処罰することは、国の裁判所の所管である（旧地自14条6項、憲法76条1項）。

5　たとえば、文化財保護に関する条例等が認められている。反対に、普通河川の管理について定める条例については、河川法が定める以上に強力な河川管理の定めをすることは許されないとした判例もある。大気汚染防止法4条や水質汚濁防止法3条が上乗せ条例を認め、大気汚染防止法32条が横だし条例を認めているように、立法によって解決している場合もある。

2.5.4 条例の効力　条例は、「法律の範囲内で」かつ「法令に違反しない限りにおいて」認められるわけであるから、その効力は、法律及び命令の効力に劣る。もとより、ここで命令は、法規の性格を有するものについては、法律に基づいた命令でなければならない。

　地方自治法2条16項「なお書き」は、「市町村及び特別区は、当該都道府県の条例に違反してその事務を処理してはならない」と定めるから、実際には、市町村及び特別区は、都道府県条例に違反する条例を制定することはできないが、都道府県と市町村等は対等・協力の関係を基本とするから、都道府県条例に違反する市町村等の条例が当然に無効となることを意味しない（旧法では、市町村の条例が都道府県の条例に違反する場合には、前者は、無効とされていた）。それゆえ、都道府県条例と市町村等の条例が矛盾した場合、両者の協議によって解決するよりほかない。

2.6　条　　　約

2.6.1 意味　条約とは、原則として、国際法上の主体（主として国家）間における文書による合意（実質上の条約）をいい、いわゆる「条約」という名称に限られることなく、たとえば、協定、協約、議定書、宣言、憲章という名称のものを含む。

　日本国憲法上の条約には、国会の承認を要する条約と国会の承認を要しない条約とがある。そのうち前者は、憲法73条3号及び61条の手続きを通して制定され、憲法7条1号によって公布されるものをいう。私法上の契約とか、既存の条約を執行するための「執行条約」、既存の条約の委任に基づく「委任協定」といったものは、この日本国憲法の国会の承認を要する条約ではない。それゆえ、日本国とアメリカ合衆国との単なる土地の賃貸借といったものは、ここにいう条約ではない。また、旧日米安全保障条約3条の「アメリカ合衆国の軍隊の日本国内及びその附近における配備を規律する条件は、両政府間の行政協定で決定する」という規定に基づく日米行政協定については、国会の承認を経ていないが、最高裁判所も、「既に国会の承認を経た安全保障条約第3条の委任の範囲内のものであると認められ、これにつき特に

国会の承認を経なかったからといって、違憲無効であるとは認められない」と判示している（最大判昭和34年12月16日刑集13巻13号3225頁）。しかし、昭和35年のいわゆる新日米安全保障条約6条に基づく協定については、その実質に鑑み、条約の形式がとられた（昭和35年条約7号）。なお、この行政協定や執行条約は、国会の承認を必要としないが、日本国憲法98条2項に条約には含まれる。

　ちなみに、日本国憲法上、国会の承認を必要とする条約とは、①国政上重要な条約、②立法条約、③国費支出を要する条約である（大平三原則）。

2.6.2　条約締結手続き　　日本国憲法上、国会の承認を要する条約は、内閣が国会の承認を経て締結し（憲法73条3号）、天皇が、これを公布する（憲法7条1号）ことになっている。その締結のためには、「談判（交渉）→署名（調印）→（国会の承認）→批准→批准書の交換（または寄託）」というような過程を経ることになっている。この過程を経ることによって、条約は、国際的な効力を生ずるのである。しかし、日本国憲法上の国会の承認を要する条約の成立要件は、あくまでも、「内閣の締結」と「国会の承認」である。

　日本国憲法は、「外交関係を処理する」権能（憲法73条2号）とともに、条約の締結権を内閣に与えている（憲法73条3号）。条約の締結権が内閣に属するということは、条約の署名及び批准がすべて内閣によって決定されることを意味する。署名は、実際には、内閣の委任に基づいて全権大使が行い、批准は、内閣が行う。批准書の作成（憲法7条8号）も、当然に内閣の権限である。全権委任状や批准書には、天皇の認証が必要である（憲法7条5号、8号）。この認証とは、一定の行為が正当な手続きでなされたことを証明する国家行為であり、かつ、全権委任状や批准書のための効力要件でもある。条約は、内閣が任命する全権委員による「署名」と内閣の「批准」によって確定する。署名とは、談判（交渉）の終了、条約文の確定を意味する。歴史的には、日英同盟条約（1902）のように、署名のみによって条約が発効した例もある。次に、批准とは、条約文を最終的に確認し、条約となるべき国家意志を確定する行為である。

内閣の条約締結行為は、事前に、時宜によっては事後に、国会の承認を得なければならない（憲法73条3号）。ここで、事前及び事後とは、条約締結手続きにおいて、条約を確定させる段階のことをいい、批准によって確定する条約の場合には、批准のときが基準となり、署名によって確定する条約の場合には、署名のときが基準となる。日本国憲法がこのように条約の締結に国会の承認を必要としたのは、元来、多くの国において行政府の専権とされていた条約締結権を民主的なコントロールの下に置こうという意図があったからである。この国会の承認については、予算の議決の場合と同じく、参議院に対する衆議院の優越が認められている（憲法61条）。国会の承認は、条約を全体として承認し、または、拒否するのを原則とする。しかし、条約に可分的な性格をもつ部分がある場合には、その部分を他から区別して認否することも、可能である。逆に、条約が全体として不可分の性格のものである場合には、それを部分的に認否することはできない。また国会は、承認に際して条約を修正することはできない。国会は、あくまでも、条約を認否することができるだけである。外交交渉権は、内閣に属し、国家を代表して条約の作成に参加できるのは、内閣だからである（憲法73条2号）。国会が条約を承認した場合、国会は、内閣とともに、条約締結の共同責任を負うことになるが、国会の承認の有無と条約の効力の発生いかんとの関係については、学説の対立がある。この場合、実際に問題が生じるのは、国会の事後の承認が得られなかったときである。その場合に、条約の効力の存否が問題となるのである。この点に関して、国会の承認が条約の効力要件であるし、条約を無効とする説は、概ね次のようなことにその論拠を置く。

　①国会の承認は、条約の成立要件としての性質の行為とみなされる。
　②国会の承認が、事前になされたかあるいは事後になされたかによって、法的効力に差異が生ずるとするのは、憲法の意図するところではない。
　③国会の事後の承認を軽視するのは、国会の意志を軽視することに等しい。
　④条約に国会の承認を要することは、多くの国の憲法に見られ、わが憲法もそれを明示しているから、わが国が、国会の承認の有無によって、条約の効力に影響があることを主張しても、たいして不当に思われない。

日本国憲法の解釈としては、この説は、条約の締結に国会の承認を必要と
したことの精神をうまく反映させているといえる。しかし、国会の承認は、
本来、内閣の国内的な政治的責任に関するものであって、対外的には条約の
効力要件では決してない。一体、18世紀以来、批准は決定的なものであっ
て、それは、条約の効力を発生させるものと理解されているのである。他方
で現実には、条約の締結に際して批准を留保することも認められている。そ
れゆえ、国内的に国会の承認を得られないおそれがある場合には、「批准に
際して条件を付する」か「批准を留保する」ことのいずれかを選ぶべきであ
る。事後の承認の問題で、事前の留保もなく、条約締結に関する日本国憲法
の手続きを相手国に主張することも、決して妥当とは思えない。条約は、し
ばしば外交駆け引きの所産だからである。国家の責任ある機関が、ひとたび
条約に批准した以上、条約は成立したものとみなされるべきであって、その
ように解することが、「自国のことのみに専念して他国を無視してはならな
い」と定める日本国憲法前文3段の精神にも適合するといえよう。なお、条
約法に関するウィーン条約46条には、ただし書つきではあるが、「いずれの
国も、条約に拘束されることについての同意が条約を締結する権能に関する
国内法に違反して表明されたという事実を、当該同意を無効に根拠として援
用することができない」と規定されている。

2.6.3　条約の形式的効力

　①序説　　条約の形式的効力を論ずる場合、いわゆる二元論と一元論との
立場の吟味が先決問題である（第1部第5章2.2国内法と国際法参照）。憲法は
「条約及び確立された法規の遵守」（98条2項）、条約の「国会の承認」（73条3
号）及び「天皇の公布」（7条1号）等の規定から、条約と国内法とは、同じ
法秩序に属するものと考えていることは明らかである（一元論）。憲法の下で、
内閣及び国会が法律と矛盾する条約あるいは憲法と矛盾する条約を締結する
ことは、意図的には有り難いことだが、万一そのようなことがある場合には、
裁判所による国家行為の合憲性審査制度（81条）が仕組まれている。

　②条約と法律　　この一元論が妥当であるとすれば、そこでは、当然に各

法秩序間の効力関係、まずは条約と法律との関係が検討されなければならない。この点に関して、条約は、当然に法律に優位すると思うが、日本国憲法の解釈としては、条約にも法律にも立法機関である国会が関与していることから、法律と条約とを同じ効力関係と見て、両者の間に「後法は、前法を改廃する」（Lex posterior derogat priori）という原則を説く考え方も、不可能ではない。しかし、政府は、帝国議会における日本国憲法の審議に際して、法律に条約が優位するという立場をとっている。この姿勢は、こんにちも変わりはない。日本国憲法の解釈としての条約優位論の論拠としては、概ね、次のようなことが考えられる。

(a) 法律が一国の意志であるのに対して、条約は原則として複数国家の意志である。
(b) 法律が原則として国会という1つの機関の作業であるのに対して、条約は原則として内閣と国会という2つの機関の共働作業である。
(c) 日本国憲法98条2項が条約遵守主義を強調しているし、憲法前文も国際協調主義を強く宣言している。

したがって、「著作者の権利に関し条約に別段の定めがあるときは、その規定による」と定める著作権法5条は、日本国憲法の法理を確認したものにすぎず、不可欠の規定ではない。この規定は、条約が原則として国家間の法であることから、国際法を国内法へと変型する作業の顕現である。

③条約と憲法　条約が法律に優位するとすれば、次に、条約と憲法との関係が問題となる。およそ確立された国際社会においては、その社会の根本的なことを規定する条約は、憲法にも優位し、その他の条約には、憲法の下位に立つものもあると思うが、日本国憲法の解釈論としては、条約優位論、憲法優位論及び折衷論というように、意見が分かれている。そのうち、日本国憲法の解釈論としての条約優位論は、概ね、次のような点に論拠を置く。

(a) 日本国憲法は、国際主義または国際協調主義を基調としている。前文の規定及び9条の戦争の放棄の規定は、国際主義の立場から、国家主権の思想を超克し、憲法自身、条約の優位を確認するものである。
(b) 日本国憲法98条2項は、すべての国家機関、それゆえ、憲法改正権

者を拘束することをも意味するから、条約違反の憲法改正ができないことを意味し、したがって、条約の優位を認めるものである。
(c) 日本国憲法98条1項及び81条が条約に触れていないのは、憲法が条約・国際法規に対しては、上位しないことを示すものである。
(d) 大日本帝国憲法時代末期、わが国は、条約に違反したという非難を受けた。国際信義を尊重する立場からは、わが国が外国と結んだ条約は、どこまでも誠実に遵守しなければならない。

このうち、(d)は、解釈論ではなく政治論である。

これに対して、同じく日本国憲法の解釈論としての憲法優位論は、概ね、次のような論拠に立っている。
(a) 日本国憲法の国際主義は、憲法が同時に定めている国民主権主義を排除することを意味しないから、日本国憲法上の憲法改正権力は、条約にかかわりなく憲法を改めることができる。
(b) 条約は、日本国憲法が授権した条約締結権の産物であり、その条約締結権の産物である条約が憲法に優位するということは、法理論的に不可能である。また日本国憲法99条は、国家機関の憲法尊重擁護義務を規定しており、それゆえ、憲法上の機関である国会も内閣も、違憲の条約を締結することはできない。
(c) 日本国憲法98条2項は、条約と憲法の効力関係を定めるものではなく、単に憲法の下で締結される条約の遵守を強調しているにすぎない。
(d) 日本国憲法98条1項及び81条が条約を除外したのは、前者では、2項で条約を扱っているからであり、後者では、条約が国家間の合意であって、国内の裁判所の審査に適しないものがあることを考慮したからである。
(e) 条約優位論を根拠づけるべき国際社会あるいは国際法秩序は、未だ整然としたものではなく、信頼するに足りない。

このうち(e)は、解釈論ではなく、政治論である。一般的な法理論として、条約＞憲法＞法律＞命令＞条例（法段階説）というように、条約を憲法に優位させながらも、実践的に、(d)の理由から、憲法優位論の採用を認

第4章 法の淵源　45

める者も少なくない。

　このほかに、日本国憲法の解釈論としてではなく、法学の一般論として、次のように説く者もいる。すなわち、講和条約、領土割譲条約、国境確定条約等のような政治的不対等条約は、憲法に優位するが、同盟条約のような政治的対等条約とか、通商航海条約、郵便電信条約、著作権条約及び工業所有権条約のような社会的条約といったものは、憲法よりも下位に立つというのである（水木惣太郎説）。また、別な折衷説は、憲法規定を憲法を憲法たらしめている基本的部分である根本規範と憲法律との2つの部分に分け、前者は条約より上位に立つが、後者は、国際協調主義に鑑みて、条約と同位または下位に立つと主張する（小林直樹説）。

　この点に関連して、最高裁判所は砂川事件刑事特別法違反事件（最大判昭和34年12月16日刑集13巻13号3225頁）において、安保条約は「主権国としてのわが国の存立の基礎に極めて重大な関係をもつ高度の政治性を有するものというべきであつて、その内容が違憲なりや否やの法的判断は、その条約を締結した内閣およびこれを承認した国会の高度の政治的ないし自由裁量的判断と表裏をなす点がすくなくない。それゆえ、右違憲なりや否やの法的判断は、純司法的機能をその使命とする司法裁判所の審査には、原則としてなじまない性質のものであり、従つて、一見極めて明白に違憲無効であると認められない限りは、裁判所の司法審査権の範囲外のもの」であるとし、憲法によって条約を審査する場合があり得ることが示されており、憲法優位論の姿勢が窺われる。

　日本国憲法98条約は、国際法について、「条約」と「確立された国際法規」を定めている。そのうち「確立された国際法規」とは、多くのものによって、不文の国際法（慣習国際法）と考えられている。これは、各国が制定したものではなく、自然に生育したものである。その中には、普遍的な慣習国際法と非普遍的な慣習国際法とがある。それらが条約化された場合、前者は効力において憲法に勝り、後者は、憲法に劣るとするのが、正解ではないか。

　たとえば、各国の独立権、対等権、自衛権等は、普遍的な慣習国際法の原則であり、また、侵略戦争の禁止等もわが国も批准した不戦条約（1928）等

を契機として比較的新たに形成された普遍的な慣習国際法である。なお、最高裁判所は、慣習国際法を特に普遍的なものとそうでないものとに分別することなく、慣習国際法と条約とを普通法と特別法との関係であるかのように説いている（民集56巻4号729頁）。

3　不　文　法

3.1　不文法の一般的性格

不文法（ungeschriebenes Recht）とは、文字に書き著されていない、すなわち文書のかたちを具えていない法のことをいう。この不文法は、立法機関が関与しないことから、「非制定法」とも呼ばれる。

現代の国家はほとんど、成文法主義を採用しているが、複雑かつ流動的なこんにちの社会事象について成文法をもって万全の対処をなすことは、不可能である。実際、変容する社会的事象と固定的な性質をもつ成文法との間には、必然的な間隙が常に存在する。不文法がその効用を発揮するのは、次のような場合である。

①成文法が存在しない場合
②成文法と現実事象との間に顕著な懸隔が生じている場合
③成文法が不明である場合

不文法は、成文法主義に必然的な欠点を補填する機能を営むのである。不文法が、「補充的法源」と呼ばれる所以である。しかし、このような不文法を法制度の中心に置く国家は、漸減してきた。判例法主義とか、コモン・ローの国家といわれる英米法系の諸国においても、それは例外ではなく、最近のイギリスでは、憲法についてさえ、一部で成典憲法の制定を主張する者が現れているほどである。

また、場合によっては、不文法の特殊な機能が評価され、それに成文法の「変更的効力」が認められることさえある。したがって、不文法は、いつの世も無価値となり、あるいは不必要になることはなく、いかに成文法主義を徹底させた国家においても、人間の立法能力に限界がある以上、このような

第4章　法の淵源

補充的法源の必要を否定することはできない。

　一体、このように不文法が成文法のかたちをとらずに存在し得るのは、しごく一部に異論があるとしても、不文法が成文化を必要としないほどに人の生活の中に定着しているからである。しかもこのような法は、変革期にしばしば宣言され勝ちな現実離れの高度な理念とか、事に対応するために安易に制定され勝ちな場当たり的な立法と異なり、人々の間で長い時間をかけて成育したものであるから、しばしば改変されない性格を有する。

3.2　慣　習　法

3.2.1　意味　　慣習法（Gewohnheitsrecht）とは、法規範によって規制されている社会において営まれている慣習のうち、法規範として昇華したものをいう。

　かつて、国家が未だきちんとした法秩序をもって確立されていなかった時代には、慣習は、民衆の法意識のうちにあり、宗教や道徳と同様に、行動の規範であり得たが、国家がある程度完備された時代になると、この慣習は、まず刑法の部門からは排除される傾向を示し、こんにちでは完全に排除されている。しかし民事部門では、この慣習が依然として行動の規範として有用であり、また国際社会においても、慣習は、国家の行為を規制する存在である。このような慣習が行動の規範として存立し得る根拠として、次のものを挙げる者がいる。

　①先例を尊重して生活安定の目的に役立たせる
　②他人の行為を模倣しようとする人間の主観的要素
　③社会生活の安定という客観的要素
　④立法行為の不完全性

　慣習法が出来上がる契機として、他人の行為を評価する価値判断作用が存在することは間違いない。

3.2.2　成立の根拠　　慣習法の成立根拠に関しては、学説は、必ずしも一致していない。その主な学説としては、次のようなものがある。

①慣行説　　この説は、ある事項について、同一の行為が長い歳月にわたって繰り返して行われている（すなわち「慣行」となっているという）事実をもって、法としての効力をもつと主張する学説のことである。そこには「慣行であるが故に、法的に正当である」（Es ist Rechtens, weil es Gewohnheit ist）という考え方がある。この学説では、慣習法とその前提をなす慣習（または慣行）とが、混同されている。というのも、慣習をすべて法として容認するわけにはいかないからである。たとえば、かつて一部の地域に「棄老」の風習があったことは、物語り化しているほどであるが、これをもって、法とすることはできない。「村八分」については、刑事的には、「名誉に対する脅迫罪」（大判明治44年9月5日）、民事的には、「自由・名誉の侵害たる不法行為」（大判大正10年6月28日）という判例がある。もっとも、民事的には、社会通念上理由があれば、違法ではないとする判例もある（大判大正2年11月29日）。しかし、いずれにせよ、繰り返して行われているという事実だけでは、これを法として容認し得ない場合もあるのである。

　②確信説　　この説は、慣習法が成り立つのは、多数人がある慣習に従うことを権利あるいは義務として確信する場合であると主張する。換言すれば、この説は、慣習を法であると確信することを慣習法の成立根拠とするのである。この説の代表的主唱者は、ザビニー、ラーバント等の歴史法学派に属する学者たちである。しかしながら、この説のいわば法的確信は、多数の人の内心にかかわるものであって、実証は非常に困難である。

　③国家承認説　　この説は、慣習の内容が国家によって法として承認されることをもって、慣習法の成立の論拠とする。実際、国家は、ときに成文法で、慣習法に成文法の補充的効力及び変更的効力を認め（法適用通則3条、商法1条2項）、裁判所も慣習に拠って裁判することがあり（明治8年太政官布告103号裁判事務心得3条[6]）、また行政府も、同一行為の反復によって慣習法を創成したり、慣習法を承認しこれに従うことがある（たとえば国旗及び国歌に関する法律が制定される以前の国旗「日の丸」とか、国歌「君が代」）。しかしこの説によ

6　太政官布告103号裁判事務心得　民事ノ裁判ニ成文ナキモノハ習慣ニ依リ習慣ナキモノハ条理ヲ推考シテ裁判スヘシ

れば、特定の国で認められているいわゆる政治犯不引渡しの原則は、たとえば、わが最高裁判所は、これを国際社会で確立された慣習とは認めず、したがって、わが国では、政治犯不引き渡しの原則は、(国際)慣習法ではない(裁判集民事第117号15頁)というように、同じ慣習法規範と覚しきものが、国によって、法であったり法でなかったりする。この説には、慣習法が、国家の認定行為の介在という点において、成文法との間に共通する点がある。しかしそれでも、成文法が、飽くまでも、国家の立法という積極的な創造的行為の上に成り立っているのに対して、慣習法は、単に国家の承認という比較的に消極的な行為の上に成り立っているという点において、両者には、差異が存する。

3.2.3 成立要件　慣習の中には、「法たる慣習」(慣習法)と「事実たる慣習」とがある。もとより、前者が、法としての効力を有するのに対して、後者は、そのような効力をもたない。この2つの慣習は、成文法の中でも区別して規定されている。たとえば、まず、法適用通則法3条は「公の秩序又は善良の風俗に反しない慣習は、法令の規定により認められたもの又は法令に規定されていない事項に関するものに限り、法律と同一の効力を有する」と定める。これは、強行法規に反しない限り、一定の場合に、慣習が法として認められることを定めるから、「法たる慣習」に関する規定である。次に、民法92条は、「法令中の公の秩序に関しない規定と異なる慣習がある場合において、法律行為の当事者がその慣習による意思を有しているものと認められるときは、その慣習に従う」と定める。これは、任意法規の分野で、法律行為に際して意思の欠けた部分を補う「事実たる慣習」に関する規定である。このような例としては、たとえば、かつて、東京市内には、公租公課の増加、地価の騰貴、近隣の借地料の高騰等、賃貸借契約後、事情の変更があったときは、地主は、借地人の同意なしに相当額まで借地料の値上げをなし得る慣習があった(大判大正3年10月27日なおこの点に関しては、現在では、借地法12条、借家法7条、借地借家法11条及び32条)。

このような慣習は、次の要件が整ったときに、慣習法と認められる。

①慣習が存在すること。
②慣習が公序良俗に違反しないこと。公序良俗とは、公の秩序すなわち国家社会の一般的利益及び善良の風俗すなわち一般的道徳観念を意味する。わが民法90条は「公の秩序又は善良の風俗に反する事項を目的とする法律行為は、無効とする」と定めるが、公序良俗ということばは、公序と良俗という2つのことばからなるのではなく、公序良俗という1つの概念として捉えられ、「社会的妥当性」とか、「正法」とかを意味すると解されるのが、一般である。この民法90条は、単に契約自由の原則に対する制限を付した規定として把握されるべきではない。それは、飽くまでも、法の根本理念を支配する鉄則を定めた規定として理解されるべきなのである。したがって、実存する慣習が「法たる慣習」となるためには、それは、少なくとも公序良俗に違反するものであってはならない。もっとも、法思想的には、慣習が「法たる慣習」として認められる場合、それは、民法90条や法適用通則法3条の規定が存在しない場合にも、社会的妥当性を欠くものであってはならない。
③慣習が法令によって認められているか、法令に規定のない事項に関するものであること。「法令によって認められている」とは、(a) 法令の規定によって、ある事項については特に慣習を尊重すること、(b) 法令の規定と異なる慣習がある場合には、その慣習に従うことが明示に定められていることをいう。次に、「法令に規定のない事項に関する」とは、(a) ある事項について、法令上慣習とまったく異なる規定がない場合、(b) 慣習と同一の法令の規定が存在しない場合をいう。法令上、慣習と抵触する規定または慣習と同一の規定がある場合には、慣習法が成立する余地はない。
④慣習が法的価値を有すること。慣習が慣習法となるためには、慣習の内容が法として相応しい内容をもつ必要がある。法的価値を有するとは、政治的に組織された社会の、社会生活において、政治的に組織された権力によって保障されるに値する規範たるべきことを意味する。このことは、法適用通則法3条が明示に規定するところではないが、その規定の

ほかに、事実たる慣習について規定する民法92条からも推知することができる。たとえば、軍艦と遭遇した船舶は、マストに国旗を掲げ敬意を表し、軍艦はこれに答礼するというのは、各国船舶の常識あるいは慣行であるが、これを法的なものとして認めるのは、行き過ぎである。

3.2.4 慣習法の効力　　慣習法は、国家の立法機関によって定立されたものではなく、社会生活の中で慣習として行われている法規範で、法としての実効力をもつものであるが、この慣習法の効力は、一方では、慣習との関係において、他方では、成文法との関係において考察されなければならない。

①事実たる慣習と慣習法　　慣習（事実たる慣習）が、法たる慣習（慣習法）の本体あるいは前提であることについては、既に述べた。前者なしには、後者は、存在し得ないのである。そのうち前者については、民法92条が規定しており、当事者が慣習を排斥しているか、あるいは、慣習によることのできない特別の事情が存在しない場合で、当事者の意思表示がなされていない場合に、慣習が適用される。

これに対して慣習法は、あくまでも法であるから、それは、当事者の意思に左右されることなく、法としての効力をもつ。

②慣習法と成文法　　慣習法と成文法との関係については、国家や時代の相異に伴い、そのあり方も異なる。たとえば、かつて共和制ローマにおいては、法をもって、人民の総意に基づくという考え方から、慣習法に対して、成文法を改廃する効力が認められた。実際、古代から中世にかけては、慣習法は、非常に重要な地位を占めており、中世の伝統主義においては、国王といえども慣習法を破ることは許されなかったのである[7]。それも、漸次、成文法の地位が向上する傾向を示した。殊に帝政時代には、君主の命令である成文法は、何ものにも勝る勢いを示している。ところが18世紀から19世紀にかけて、近代国家が、中央集権を確立するために、まず立法権を手中にし、また自治法の理論が台頭すると、慣習法の地位は、非常に後退を余儀なくさ

7　国王ジョン（失地王）があまりにも慣習法を無視したためにマグナ・カルタ（大憲章）が公布されたのである。

れた。たとえば、オーストリアのヨセフ法典（1786）、プロシアの一般州法（1794）、フランスのナポレオン法典（1804）等は、直接または間接に慣習法の効力を否定してさえいる。

　しかしながら、19世紀になると、生産方法の発展に伴い、政治的・経済的に顕著な変化が生じ、複雑多岐に変容する社会を成文法のみによって律することは、実際上、困難となった。さらに、自然法学が後退し、歴史法学が台頭したことによって、民族的・歴史的な性格を尊重する立場が浸透し始めると、慣習法への関心も自ら高まり始めた。それも、20世紀に入ると、まずスイス民法典がはっきりと慣習法を認め、それに成文法を補充する機能を付与している（1条2項）。わが法適用通則法も、このスイス民法典と同様の立場をとり、成文法に対する慣習法の補充的効力を認めている。また成文法がその規定内容と異なる慣習法を認める場合には、慣習法に成文法を改廃する変更的機能が認められている（たとえば、費用負担に関する慣習について定める民法217条）。

　次に、民事のうちでその特別な領域を占める商事に関しては、商法1条2項は、「商事に関し、この法律に定めがない事項については商慣習に従い、商慣習がないときは、民法の定めるところによる」と定めている。この規定から、商事に関しては、まず商法規定の存在を検索し、商法が存在しないときは、民法の規定が存在する場合にも、まずは、商慣習法を適用し、商慣習法がない場合にはじめて、民法を適用することにしている。この商法1条2項によって、商慣習法は、法適用通則法3条から、「法令の規定により認められたもの」ということになり、また、「法律と同一の効力を有する」ことになる。したがって、商慣習すなわち商慣習法は、民法との関係においては、特別法と普通法との関係に立つ。それゆえ、商法1条2項の存在によって、商慣習法と民法との間では、「特別法は、普通法に優先する」あるいは「特別法は、普通法を破る」という原則が適用される。さらにこの商法1条2項によって、商慣習は、商法に対する補充的機能とともに、民法に対する変更的機能をもつことになる。この商慣習が商法に対する変更的機能を営むかについては、必ずしも常に否定されるわけではない。商事立法者の万能が期待

第4章　法の淵源　53

できない限り、かつ、倫理的・国民経済的な要請から法的安定性等を阻害しない限り、欠陥があって従われることがない規定に商慣習を優先させることこそ、合理的と思われる場合も存するのである。実際にも、白紙委任状付記名株式の譲渡におけるように、商慣習によって、商法が変更された事例が確認される。この点に関しては、後に成文化され（昭和41年改正前205条）、こんにちでは、株式の譲渡は、単に株券を交付することによって行われる（会社法128条）。

最後に、より一般的に慣習法と成文法との関係について論及すれば、わが国も、他の文明諸国と同じく、成文法優越主義を採用している。特に刑事法の分野においては、「法律なければ、犯罪なく、刑罰もない」（Nullum crimen, nulla poena sine lege）として、いわゆる刑罰法律主義が行われ、慣習刑法は、排除されている（憲法31条）。次に民事においては、法適用通則法3条が成文法主義を基調とし、とりわけ公の秩序に関する成文法に反する慣習法の発生を禁止していることは、十分にうかがうことができる。しかし、現実には、内縁関係、動産の譲渡担保、立木及び未分離果実の所有権移転の公示方法としての明認方法等については、法令の委任が存在しないにもかかわらず、効力規定（強行規定）を押し退ける慣習が行われている。

商事に関して、同様の慣習が存したことは、既述した通りである。とすれば、慣習法がもつ成文法の変更的機能は、必ずしも完全には否定できない。現行の法秩序と著しく矛盾することがなく、社会的にかなりの相当性及び必要性が認められる場合には、「必要は、法の認めるところ」（Necessity knows no law）として、例外的に、慣習法が成文法を変更する力を有することは、やむを得ないものと思われる。もとより、成文法によって、慣習法による成文法の変更的機能が認められている場合には、問題はない。

3.3 判例法

3.3.1 意味

判例法とは、裁判所の判決が法としての効力をもつものをいう。それは、具体的事件において、一定の法律問題について、その解釈が法としての効力を認められている裁判所によって、あるいは、同様の判決が

繰り返され、判決が大体において同一の内容に定着した場合に、法的な効力を具備する、いわば裁判官によってつくられる特別の法あるいは裁判における慣習法とも称すべきものである。

　ゲルダートによれば、制定法のことばは、制定法自体ではない。実際、文言で表明された法は、法を表明している文言と必ずしも同じものとは限らないのである。たとえば、イギリスでは、特に1850年以降の制定法においては、反対の意図を表明した明示の格別の規定がない限り、男（man）は、女を含み、単数のことばでも、複数概念である。また法を解釈するに際しては、文理解釈的方法は不可欠であり（法の一般理論第7章 2.3.2 文理解釈参照）、また論理解釈的方法（法の一般理論第7章 2.3.3 倫理解釈参照）も、決して看過してはならない。それでも、同一の法律に関して、専門家の間でも解釈はしばしば異なる。このようなとき、実際の事件に関連して、一定の権威によって、あるいは、裁判官によってなされた法解釈が繰り返されることによって、法的効力を有するようになったのが、判例法である。

　わが国では、判例には法的な拘束力はない[8]。というのも、裁判所法4条が、「上級審の裁判所の裁判における判断は、その事件について下級審の裁判所を拘束する」と規定し、また、裁判所法では、最高裁判所の判決が、大法廷の判決によって変更され得ることを前提としており（裁判所法10条3号）、判例の拘束力が、制度的には保障されていないからである。しかし、実際には、先例は尊重され、最高裁判所も、軽々しく先例を変更することはないから、裁判判決の先例が、裁判所における慣習法として拘束力を有する現象をある程度呈している。

　総じていえることは、大陸法系の諸国家が、伝統的に一般的抽象的規範たる成文法を基調としているのに対して（成文法主義）、英米法系の諸国家は、伝統的に慣習を裁判を通して統一的につくり上げた具体的な規範であるコモン・ローあるいは判例法を基調としている（コモン・ロー主義あるいは判例法主

---

[8] 事実上の力を重要視して、判例に法源としての効力を認める者もある。これに対して法制上の判例の性質に注目する者は、判例を法源としては認めない。後者は、社会の取引が判例を予想して行われる場合、それを慣習法成立の問題として論ずるのである。

義）ということである。これを歴史的見地から表現すれば、ローマ法的思想は、抽象的規範を、アングロ・サクソン法的思想は、具体的経験を尊重するということになる。

3.3.2 判例法主義　　判例法の伝統を有する国家においては、成文法は、飽くまでも例外的な存在であったから、その解釈に際しては、できるだけ狭く厳格に解釈されなければならなかった。イギリスやアメリカの成文法が、冗長なほどにまで微細にわたった規定を設けるのは、立法者の意図が徒らに拡大されないように配慮してのことである。以下、判例法主義をとる代表的な国としてイギリスとアメリカを概観する。

　①イギリスの場合　　イギリスの最高裁判所は、2009年に最高裁判所が設置されるまでは、国内法の問題については貴族院であり、この裁判所は、自己の判例にも絶対的に拘束された。すなわち、自己の先例を絶対に変更することはできなかったのである（絶対的先例拘束主義）。しかし、現在、ヨーロッパには、欧州連合（European Union）ができており、この貴族院も、「ヨーロッパ法」の問題に関しては、その他の国内裁判所と同様、欧州連合の司法裁判所に従っている。また、1966年に、貴族院は、将来、貴族院の判決を変更することが正しいと思える場合には、先例を変更することを考慮していると述べ、実際に、その後、ピノチェット元チリ大統領事件に見られたごとく、先例を変更した例が確認される。

　②アメリカの場合　　アメリカにおける先例拘束性の法理も、基本的にはイギリスと同じであった。少なくとも19世紀には、最高裁判所は、自己の判決を変更することはできないというのが、大方の見解であった。ところが、20世紀に入ると、社会的・経済的な事情の変化に伴い、従来の判例に拘束される場合、時代の要請に応じ得ないという事態が頻発した。その結果、こんにちでは、連邦最高裁判所も、州最高裁判所も、必ずしも自己の先例に拘束されるものではないとされている。

3.3.3 わが国の先例尊重主義　　わが国の場合、大日本帝国憲法時代、大

審院の「ある部」が下した判決は、大審院の「各部」を拘束した。しかし、下級審は、大審院判決には拘束されなかった。また、大審院が自ら下した判決については、「連合部判決」によってのみ変更することができた。

現在、憲法76条3項によれば、すべての裁判官は、「その良心に従ひ独立してその職権を行ひ、この憲法及び法律にのみ拘束される」から、あくまでも先例が尊重されるという現象が存在するにすぎない（先例尊重主義）。しかし、わが国でも、法的安定性を保つために、重大な理由と確実な根拠が存在しない限り、裁判所が従来の特に最高裁判所の判例を軽率に変更することはない。また下級裁判所も、格別な理由がない限り、上級裁判所の判例の尊重を基本姿勢としているようである。そのようであってこそ、国民は、その行動を慎んだり、また、同種の事件に対して同様の判決を期待し得たりするのである。国民のそのような期待に応え、また法の下の平等の要請から、同種の事件には同種の判決が行われるように（憲法14条）、法令は、上級審の先例に反する下級審の判断に対して、上訴の道を開いているのである（刑訴405条、民訴規192条）。

わが国では、判例に対して万般の法的拘束力を認めることは、正しくはない。しかしその事実上の拘束力には、無視し得ないものがある[9]。その拘束力は、成文法の拘束力に比較すれば、一般性に欠け、特定の具体的な事実関係にかかわりをもつにすぎない。判決として繰り返されることによって、抽象的法則として意味はもち得る（とはいえ、一度だけの判決例についても、重大な事件で特に熟慮され、慎重さを窮知でき、先例として価値あるものは、判例としての意義をもち得る）。わが国では、判例は、ある程度法源的性格を有するとしても、裁判所による立法行為とは、まったく別のものである。

---

9 こんにち、内縁の妻は、たとえば、労働基準法、国民年金法、厚生年金法、国家公務員共済法等においては、法律上の妻に準じて扱われている。妾の関係は、内縁関係には、含まれない。この内縁の場合は、離婚の場合と異なり、事実上の破棄に対して法的保護がない。そこで、判例は、内縁に法律婚に近い保護を与えるよう努め、内縁を婚姻の予約と捉え、その不当破棄については、予約不履行と解して、不当破棄者に対して損害賠償責任を認めている（大判大正4年1月26日）。わが国には、厳密には判例法がないが、ここで論ずる。

3.3.4　レイシオ・デシデンダイとオバイタ・ディクタ　英米法という判例法主義に立脚する法系においては、判例が先例として後の事件を拘束する。その場合、前の裁判のすべてが、後の事件を拘束するわけでは決してない。判例としての拘束力をもつのは、裁判官が事件の判断について述べた意見のうちで、判決に到達するために必要不可欠の基礎となった部分であって、レイシオ・デシデンダイ（ratio decidendi；判決理由）と呼ばれるものである。これに対して、判決における裁判官の意見のうちで、判決する必要のない法律問題に関する部分は、なんら先例としての拘束力をもつものではない。これは、判決の過程でなされた法あるいは裁判官の意見の表明であって、オバイタ・ディクタ（obiter dictum；付随的意見または傍論）と呼ばれる。それは、単に後の事件に対する判決に際して、説得的典拠として機能するものにすぎない。それは、当事者間の実際的問題に法を適用したものではなく、法適用判断作用に際してなされた法の説明あるいは裁判官の意見の表明ともいうべきものである。

　ところで、わが国では、たとえば、民事訴訟における判決書には、①主文、②事実、③理由、④口頭弁論の終結の日、⑤当事者及び法定代理人、⑥裁判所が記載され（民訴253条）、裁判官が、それに署名・捺印することになっている（民訴規157条）。その中心をなすのは、主文及び理由であるが、その理由のすべてが、右のレイシオ・デシデンダイであるわけでは決してない。そこにおいても、法律とともに判例にも基づいて事件を解決するに際しては、不可欠な法的判断である部分とそうでない部分とは、峻別されなければならないのである[10]。

3.4　条　理　法

3.4.1　意味　条理または条理法とは、広義には、法律と人類の調和を意味し、狭義には、法律における体系的な調和を意味する。条理が法であるというのは、この広狭2義の条理として認識すること、それを人類が理念として考えた社会規範とすることにほかならないが、通常、人は、この条理を「筋道」とか、「物事の道理」とかいったことばで表現する。このような条理

は、実定法とは次のような関係にある。

　まず、すべての法律は条理に適うべきであるということが、しばしば口にされる。このような場合における条理とは、理想法あるいは自然法学者が唱える自然法にも相当するもので、万古不易の超国家的理法ともいうべきものである。この意味においては、実定法は、国家社会における社会生活の規範として実定されているだけでは法ではあり得ず、「条理に適う」ことによってはじめて法となり得る。「条理に合致せざるものに一つとして適法なるものはなし」という法的格言は、このことを意味する。この意味の条理は、実定法の内容を解釈、決定する標準となるものである。換言すれば、すべて法規範とは、条理の具現形式にほかならない。

　次に、条理が、現行法秩序を維持するために、とりわけ、民事事件において、裁判官が裁判に際して準拠すべき標準として口にされることがある。この場合に直ちに想起されるのが、明治8年太政官布告103号裁判事務心得3条の規定である。このような趣旨の規定は、外国の法規定にもしばしば確認される。たとえば、オーストリア民法7条が「自然的法原理」（die

---

10　特別永住者である外国人が地方選挙における選挙権の付与を求め選挙人名簿に登録するよう請求した事件において（最判平成7年2月28日民集第49巻2号639頁）、最高裁判所は、この請求を退けたものの、判決中「我が国に在留する外国人に対して地方公共団体における選挙の権利を保障したものとはいえないが、憲法第8章の地方自治に関する規定は、民主主義社会における地方自治の重要性に鑑み、住民の日常生活に密接な関連を有する公共的事務が、その地方の住民の意思に基づきその区域の地方公共団体が処理するという政治形態を憲法上の制度として保障しようとする趣旨に出たものと解されるから、我が国に在留する外国人のうちでも永住者等であってその居住する区域の地方公共団体と特段に緊密な関係を持つに至ったと認められるものについて、その意思を日常生活に密接な関連を有する地方公共団体の公共的事務の処理に反映させるべく、法律をもって、地方公共団体の長、その議会の議員等に対する選挙権を付与する措置を講ずることは、憲法上禁止されているものではないと解するのが相当である。しかしながら、右のような措置を講ずるか否かは、専ら国の立法政策にかかわる事柄であって、このような措置を講じないからといって違憲の問題を生ずるものではない」と示したことから、いわゆる外国人参政権の問題が生じた。
　いわゆる外国人参政権に否定的な立場からは、判決中、外国人への選挙権付与は立法で許容されるとした部分は「傍論」にすぎないとして先例としては尊重できないとし、反対に、肯定的な立場からは、この部分は「傍論ではない」あるいは「傍論であっても尊重すべき」との主張がなされている。
　しかし、わが国においては、最高裁判決といえども変更することが制度的に認められているから、「傍論か否か」の議論が有益かどうかは一考の余地がある。

第4章　法の淵源

natürlichen Rechtsgrundsätze）という文言を用い、スイス民法1条が「法律に適用する規定がないときは、裁判官は、慣習法に従って裁判しなければならない。慣習もないときは、もし自分が立法者であったならば、制定したであろう準則に従って裁判しなければならない」と定めている如くである。

3.4.2 条理の法源性の問題　上記の太政官布告の規定は、こんにち大方の学者によって認められているのであるが、条理の法源性については、問題がないわけではない。この条理の法源性の問題は、換言すれば、右の太政官布告103号裁判事務心得3条の規定が、不可欠であるか否かという問題である。

　この場合、まず、条理が法であるか否かが問題となる。条理が法でないとすれば、条理と「法律による裁判」との関係が問題となる。もっとも、ここでいう「法律」とは、決して「形式的意味の法律」ではない。裁判の必要は、特に民事上の紛争においては、法規の存在を越えて存するものであるが、このような場合、裁判官は、事件に適用すべき実定法規の不存在、あるいは不明瞭を理由として、裁判を拒絶することはできない。さもなければ、私人間の紛争では、弱肉強食による解決が行われざるを得ないからである。勢い、裁判官は、条理に依拠した裁判を行わざるを得ない。この場合、正義や衡平の基本的要請に応えるべき裁判が、正義や衡平を内容としてもつ条理によって行われるべきことは、当然のことである。

　次に、条理による裁判が不可避であるならば、太政官布告103号裁判事務心得3条の如き規定が不可欠であるとはいえない。したがって、このような布告は、「法の欠缺」の補充すなわち法治国家における「法の完全性」を目的とした形式的なものである。また、理念的には、裁判は、その本質上、正義や衡平といった条理の上に立脚すべきものである。それも、この場合、条理は、単に裁判の基準として留まることを意味するものではなく、それが行為規範として有用な法源であるべきことをも意味する。この条理は、現実には、その一部が、たとえば、民法に「信義誠実」（民法1条2項）とか、「公序良俗」（民法90条）とかいう規定として具現しており、行為規範としての機

能を実際に営んでいる。また、裁判所も、条理に基づく判断として、たとえば、「正義衡平」とか、「社会の通念」とか、「筋合」とかいった表現をもって、これを裁判の場で用いている。ただこの場合も、条理による裁判は、飽くまでも、法規に欠缺や疑義がある場合に限定されており、それ以外の場合にみだりに行われてはならない。もっとも、この法の欠缺という場合、いかなる場合に法が欠けているかの認定の問題があり、その認定に際しては、慎重でなければならない。

第 5 章

法 の 分 類

1 序　　論

　法は、現実には、多様な性格をもち、またいろいろな形で存在するが、これをある程度種別あるいは類型化することは、可能である。その種別あるいは類型化に際しては、当然にその基準を何に置くかが、問題となる。以降、実定法について、一般に行われている分類法に従って、いくつかの法の分類を例挙しておく（既述した成文法と不文法も、ここで法の分類として述べることができるが、既に前章で述べたので、ここでは割愛する）。

2 国内法と国際法

2.1 序　　説

　法は、その通用する国境を基準とする社会の差異によって、国内法と国際法とに分類することができる。そのうち国際法に関しては、日本国憲法 98 条 2 項は、「日本国が締結した条約」のほかに、「確立された国際法規」を挙げている。国内法と国際法には、概ね、次のような差異が存する。

①国内法が、いわば一国の意志だけで形成されるのに対して、国際法は、一国の意志だけでは形成できず、少なくとも 2 つ以上の国際法上の主体（国家またはその他の国際団体、たとえば、国連とか欧州連合等の国際機関あるいは交戦団体）の意志によって形成される。

②国内法が、領土高権及び対人高権の及ぶ範囲において通用するのに対し

て、国際法は、少なくとも一国の主権の及ぶ範囲を越えて通用する。

③これは現実制度の問題であるが、国内法が、その執行機関をもっているのに対して、国際法は、裁判手続きが国内法ほど充実してはおらず、またその執行機関をも欠いている（国際司法裁判所規程36条2項）。仮に国際法に執行力を付与したとしても、現実には、超大国の国際法違反行為に対して、国際機関が執行力を発揮できるか、疑問である。

現在、この国際法と国内法の問題に関連して、ヨーロッパには、欧州連合（以下、EU）が地域的国際団体として成育している。このEUは、立法・執行機関として、理事会及び委員会をもち、EUの機能に関する諮問的・監督的機関として、議会を有し、司法機関として裁判所をもつ[1]。しかし、EUの政策を最終的かつ現実に執行し、EU法を現実に適用するのは、原則として各構成国の国内行政機関あるいは国内裁判所である。

2.2 国内法と国際法の関係

国内法と国際法との関係については、従来、二元論（dualism）と一元論（monism）との対立が存在した。

2.2.1 二元論

二元論は、トリーペル、アンチロッチ、ヴァルツらによって代表され、国内法と国際法とを拘束力の根拠や受範者を異にする別個の法秩序と説く。この説においては、国際法は、国内において当然に効力をもつわけではないから、国内で実施されるためには、国際法を国内法秩序に取り入れる手続きが必要となる。そのいわゆる国内法への「変形」（transformation）の方法としては、国際法をその都度、個別的な措置によって、すなわち、国内手続きによって編入する方法と、あらかじめ国際法は国内においても効力をもつという一般的規定を設けておく方法とがある。

---

[1] EUの理事会は、各構成国政府の閣僚によって構成される国家利益の調整機関である。EUの委員会は、EU全体の利益を代表する個人的資格に基づいて任命された委員によって構成される立法等の建言機関かつ執行機関である。EUの議会は、各構成国に配分された議席数によって、各構成国の国民によって直接に選挙される。EUの裁判所は、EUの関係諸条約の解釈と適用に際して法の遵守を確保する機関である。

2.2.2　一元論　　一元論は、国内法と国際法とを同一の法秩序を構成するものと説く。この一元論の立場には、国内法優位論をとる者と国際法優位論をとる者とがある。そのうち国内法優位論は、国際法の拘束力の根拠は、国家の自主的な「自己義務づけ」（または「自己拘束」）(Selbstverpflichtung) にあると説く。この説では、国際法が、自らの意志によって自らに課した国家の自己拘束である以上、国家による国際法の撤回も自由である。このような立論に際して、たとえばヴェンツェルは、条約締結権が国内憲法に由来しており、それゆえ、条約がその締結権を有し、違憲の行動をとれない憲法上の機関によって締結されることなどを理由として挙げている。これらの説においては、国際法は、結局、ヘーゲルのいわゆる「対外的国法」(das äußere Staatsrecht) にすぎず、国際法が国法としてとらえられるから、要するに、この説は、国家間を拘束する国法以外のいわゆる国際法を否定する主張にほかならない。その結果、国際法は、国家の数に応じて、数多く存在することになる（ヴェンツェルの多元論）。この説の場合、たとえば、革命は、以前の国法秩序をすべて否定するが、それにもかかわらず、その革命に影響されることなく存在する国際法について説明し得ていないというような批判が存在する。

次に国際法優位論を説く代表的学派は、純粋法学を説いたケルゼンらウィーン学派である。この学説は、国際法の通用性に関して、いわゆる「委任の優位」論を展開し、国内法は、「国際法によって委任された部分法秩序」にすぎないと主張する。しかし、この説において、「国際法の委任の優位」を認める論拠は、未だ十分とはいえない。また現実には、国際法違反の国内法が有効なものとして存在している国家があり、そのような国家の国内法の合法性が容認されるとすれば、この説には、説得力はない。もっとも、この批判のうち、後者は、専ら国際社会の未成熟に基づく批判であって、法理論的なものではない[2]。

EUの委員会の提案に基づきEUの理事会が定める規則、命令、決定は、EUの諸機関、構成国政府及び構成国の国民を直接に拘束する。それゆえ、これは、国際法と国内法とが一元化された典型的な例である。しかし、この

国際団体においては、各構成国が依然として主権をもち、重要事項について各構成国の全会一致主義が採用されており、国際法優位主義的姿勢がとられているわけではない。

ただ、国際法には、国際社会で各国を拘束するものとして成育する確立された国際法規と国際法上の主体によって締結される条約とがあり、その国際法と国内法とを国際法優位論あるいは国内法優位論のいずれかによって説くことは、適切ではない。国際法には、すべての国際法上の主体を拘束するものと国際法上の主体に拘束されるか否かの判断を任せられているものとが存するが、右のうち、条約は、原則として、後者に属する。しかし、条約の中でも、確立された国際法規を内容とするものは、すべての国際法上の主体を拘束し、したがって、国内法に優位すると解されるべきである。

3 普通法と特別法

3.1 序　　説

普通法とは、法の効力の及ぶ範囲（施行範囲）が原則として制限されないものをいい、特別法とは、法の効力の及ぶ範囲が特定されるものをいう。この分類においては、法の効力の及ぶ範囲を場所、期間、人及び事項に注目して、次のように論ずることができる。

3.2 場所を基準とする分類

法が適用される地域の広狭を標準とした分類である。すなわち、法の適用範囲の広い法を普通法（場所的普通法）といい、狭いものを特別法（場所的特別法）というのである。たとえば、国内全般にわたって広く行われる民法、商

---

2 国際法は、「国際公法」（public international law）と呼ばれ、これに対して、「国際私法」（private international law）ということばが対置されることがある。この国際私法については、「国際法説」（サヴィニーら）と「国内法説」との対立がある。

　思うに、国際私法は、その別称である「渉外私法」（droit extra-national）とか、「法の抵触」（conflict of laws）ということばが示しているように、内容の異なる内外の私法にかかわるいわゆる渉外的私法関係について、内外のいずれかの私法を適用すべきかを規定する法であって国内法と解すべきであろう。

法、刑法等は、普通法で、第2次大戦における罹災地にのみ適用される罹災都市借地借家臨時処理法をはじめとして、特別の地域にのみ適用される法は、特別法である。日本国憲法95条は、この種の法律として、国会が一の地方公共団体にのみ適用される法律を制定することについて規定する。

3.3 期間を基準とする分類

　法の実施される期間に制限があるか否かを標準とした分類である。すなわち、法の実施される期間になんらの制限がないものを普通法（期間的普通法）といい、その制限があるものを特別法（期間的特別法）というのである。

　期間的特別法については、一定の有効期間が付されている「限時法」と、一定の有効期間についての規定はないが、法目的が達成される期間だけ存続し、法目的が達成されると廃止される「臨時法」とがある。換言すれば、限時法においては、効力の始期と終期とが明確であるのに対して、臨時法においては、恒久性は意図されていないが、効力の期間が限定されているわけである（第1部第6章3.2時に関する効力参照）。

3.4 人を基準とする分類

　法が適用される人の範囲について制限があるか否かを基準とする分類である。たとえば、民法とか、刑法のように一般人に対して適用される法が、普通法（人的普通法）であり、国家公務員法とか、医師法とか特殊の人にしか適用されない法が、特別法（人的特別法）である。

3.5 事項を基準とする分類

　法が規定し適用される事項の範囲の広狭を標準とした分類である。すなわち、比較的に広い範囲の事項について規定し適用される法が、普通法（事項的普通法）であり、比較的に狭い範囲の事項について規定し適用される法が、特別法（事項的特別法）である。このような分類の標準は、飽くまでも相対的なものであって、たとえば、民法と商法とが、普通法と特別法との関係にあるのに対して、この商法と保険業法、信託業法、取引所法もまた、普通法と

特別法との関係にある。すなわち、1つの法が、ある法に対しては、普通法であって、他の法に対しては、特別法という場合があるのである。

3.6　普通法と特別法との関係

　普通法と特別法との効力関係について、これを明示に定めた実定法の規定はない。しかし、国家的法秩序の一元化は、政治権力を一元化している近代国家の当然の要請であり、相反する国家意志の存在は、国権の最高性という意味の主権（憲法前文3段）を有する国家が分裂していることを意味する。およそ国家が1つである以上、国権の最高性という意味の主権は、その意志を1つに統括できることを意味するのであって、その意志と矛盾する国家意志の存在は、その主権と対等の国家の存在を前提としてしか考えられないのである。それゆえ、1つの主権の下に存在する国家的法秩序は、統一的なものであるが、その場合にも、一般的に定められた法規定（普通法）と特別の事物・事象について定められた法規定（特別法）とが矛盾する内容を有することが、当然にあり得る。そのような矛盾の存在を容認しながら国家的法秩序の統一性を維持するには、あたかも、憲法、法律、命令、条例の形式的効力に強弱の差異を認めることによって、相互の矛盾を解決しているように、普通法と特別法との間に効力の違いを認めるよりほかにない。そしてこの場合、特定の事物・事象について定められたものが、そのような事物・事象を意識することなく定められたものに優先すべきことは、物事の道理である。このような理由から、近代法は、普通法と特別法との関係について、「特別法は、普通法を破る」とか、「特別法は、普通法に優先する」といった原則を認め、この問題を解決している。すなわち、同種の法律関係について、2つの法規定が存する場合には、まずは、特別法が普通法に先立って適用されるのである。

　なお、例外法と原則法の関係も、一種の特別法と普通法との関係である。したがって、「例外法は、原則法に優先する」。もっとも、この場合、例外法の拡大解釈は、例外法の原則法化を意味し、原則法の存在意義を希薄にするから、例外法については、制限的解釈をすることが要請される。

4　強行法と任意法

4.1　序　　　説

　法は、その適用上の性質の差異によって、強行法（ius cogens）と任意法（ius dispositivum）とに分類することができる。すなわち、法規の適用に絶対的な性質を伴うものを強行法といい、任意的な性質を伴うものを任意法というのである。

　これを換言すれば、まず、強行法とは、当事者の意思に左右されることなく適用される法をいう。このような法は、概して、公共の秩序、公共の利益、公共の生活をその内容としている。これに対して、任意法は、各人が、その法と異なる意思を表示しない場合にのみ適用される。私法的な自治の原則の上に立脚する類いの法は、概ね、任意法である。このようなことから、後述する公法の多くは、強行法に属し、これも後述する私法の多くは、任意法に属する。

　もとより、このことは、強行法と公法、任意法と私法とが完全に合致するというわけでは決してない。公法といわれるものの中にも、私人の判断を尊重し、それを補充する意味で第二次的にのみ適用されるべき規定が、多数存在するのである。たとえば、「当事者は、第1審に限り、合意により管轄裁判所を定めることができる」と定める民事訴訟法11条1項の規定は、明らかに任意法である。逆に、私的自治を原則としている私法と呼ばれるものの中にも、強行法は、決して少なくない。私法と呼ばれるものの中に存在する強行法とは、概して、次のような事項に関するものである。

①いわゆる能力に関するもの（たとえば、民法3条以下の権利能力や行為能力に関する法の規定）

②画一的・絶対的効力を生ずる物権に関するもの（たとえば、物権の種類・内容・効力等に関する法の規定）

③身分法的秩序に関するもの（たとえば、親子・夫婦間の関係や相続の順位・効力等に関する法の規定）

このような強行法と任意法との区別は、右のような説明によって、観念的にも実際にも、ある程度明らかに思えるが、これを個々の条文によって峻別することは、決して容易なことではない。それでも、その区別の判断基準は、実際には、次のような規定の仕方に求めることができる。

　まず、「……しなければならない」（民法2条）とか、「……しなければ……できない」（民法145条）という表現法をとった規定は、明らかに強行法に属し、「別段の定めがあるときは、この限りでない」（民法281条）とか、「別段の意思表示がないときは」（民法116条）とか、「反対の意思を表示した場合には、適用しない」（民法466条）という表現法をとった規定は、明らかに任意法に属する。

　このような表現法がとられていない規定においては、法文の内容や種類、立法目的等の分析によって判別する以外にない。

4.2　強行法の分類

　強行法については、その規定の仕方に注目して、さらにこれを「効力規定」と「取締規定」とに細分することができる。

　効力規定においては、法規に違反した法律行為は、すべて無効となる。これに対して、取締規定においては、法規に違反した行為は、有効ではあるが、しかし、常に制裁を受ける。たとえば、劇毒物の販売ならびに取扱いに条件を命じた法規に違反した法律行為は有効ではあるが、その行為に対しては制裁が伴うごとくである[3]。

　また、取締規定は、広義には、一定の行為を禁止し、またはこれをなすに一定の条件を必要とすることを定める規定を意味する。この規定に違反した法律行為の有効・無効は、場合によって異なる。狭義には、規定に違反した法律行為が有効である場合だけ取締規定とし、無効な場合には、効力規定とされる。

3　効力規定ということばは、「裁判所または行政庁に対する命令としての性質を有し、したがって、それに違反してもその手続の効力には影響がない」訓示規定ということばに対立する意味でも用いられる。

4.3　任意法の分類

　任意法は、その作用面に注目して、「補充規定」と「解釈規定」とに分類することができる。補充規定とは、当事者の意思表示がまったく欠けている部分を補充する規定である。たとえば、「別段の意思表示がないとき」または「別段の定めがある場合を除き」というような文言をもった規定が、それである。これに対して、解釈規定とは、当事者の意思表示がある場合に、その不明な部分を解釈する規定である。たとえば、「……と、推定する」というような文言をもった規定が、それである。

5　固有法と継受法

5.1　序　　説

　法は、それを実施している国家において生成したか、それとも、それを実施している国家以外のところで生成し、それが他のところに継受され実施されたかを基準として、固有法と継受法とに分類される。これは、法の歴史的成立要因を基準とした分類である。固有法と継受法とは、その発生の差異を説明するだけであって、その効力については、なんらその差異を説明するものではない。

5.2　固　有　法

　固有法について、純粋な固有法を認識することは、非常に困難である。古来、社会の交流は、いかなる地でも存するところだからである。とりわけ、文化の交流・社会の交渉が頻繁となっているこんにちにおいては、革命によって、時間的・空間的にまったく異質の国家でも現れない限り、固有法というものも、現れ難い。各国の法は、何が固有法かを判別することが不可能に近いほどに、非常に影響し合っているのである。

5.3 継 受 法

　継受法については、まず、これを継受された国の法と継受した国の法いう見地から、母法と子法とに分類することができる。そのうち、継受された国の法が、母法であり、継受した国の法が、子法である。

　次に、継受法は、これを継受の程度に従って、模写的継受法（直接的継受法）と習得的継受法（間接的継受法）とに分類することができる。そのうち、模写的継受法とは、母法がそのままのかたちで継受された場合をいい、習得的継受法とは、母法がそのままのかたちで継受されるのではなく、原則として母法を基準とするものの、継受国の国情に適合させて変容させた場合をいう。ほとんどの継受法は、後者に属するが、前者の例としては、スイス民法を継受したトルコ民法（1926年4月4日）を挙げることができる。

5.4　固有法と継受法との関係

　既に明らかなように、固有法と継受法との分類は、あくまでも相対的なものであって、時の経過とともに、一つの法が継受法としての地位から、固有法へと移行する場合がある。したがって、同じ法が、固有法として扱われたり、継受法として扱われることがある。たとえば、わが国の大宝令は、唐の法を母法としたが、それが長い歴史の中で、わが国土に溶け込み、明治以降の欧米の法に代表される近代法に対して、むしろわが国の固有法として説かれる現象が確認される。同様に、わが現行民法の母法として説かれるドイツ民法は、かつては、ローマ法の継受法としての性格を有したものである。

　この固有法と継受法との分類は、法史学的研究、法政策学的考察及び解釈法学的立場にとっては非常に重要な意義を有し、最近盛んになってきた比較法的研究においても不可欠のものとなっている[4]。

6　公法と私法と社会法

6.1　序　　説

　法は、かつて、公法（public law）と私法（private law）とに二分されていた。しかし、昨今では、これに社会法という分野の存在を認め、これを公法と私法と社会法とに三分するのが、一般である。しかしながら、たとえば、大学院等には、依然として二分論の影響が残り、たとえば、法律を専攻するものに対して、かなりの大学院が、公法研究科と私法研究科というように組織している。

　こんにち、公法と私法との区別とを体系的に区別することに消極的な立場が拡大している。しかし、単に「私益と私益」とが衝突する分野の法と「公益と私益」あるいは「公益と公益」とが衝突する場合の分野の法とをまったく同一の法体系で理解することができるのかは、疑問である。公法関係には、私法関係と異なり、迅速な解決を要するものが多く、また、違法なものであっても、公共の福祉との関係において、効力を否定し得ないものがある。実際、違法なものであっても、直ちに無効なものとせず、とりあえず、有効なものとして扱われるべき行為もあるのである（いわゆる公定力の問題）。それどころか、違法なものであっても、有効として扱われるものも存在するのである（いわゆる事情判決の法理）。

6.2　公法と私法の分類

　法を公法と私法とに分類する場合、その論拠には、諸説が存在し、こんに

4　「継受」（reception）ということばについては、少し注意を要する。というのも、そのことばは、最も厳密な意味においては、15世紀ないし16世紀にドイツがローマ法を受け継いだことをいうからである。継受されたローマ法とは、ローマ時代のローマ法ではなく、中世イタリアの後期注釈学派によって実用化された注釈付ローマ法のことである。イェーリングが、かつて、「ローマは、3度、世界を征服した。1度目は政治により、2度目は教会により、3度目はローマ法の継受によって」と述べたが、「ローマ法の継受」は、正しく世界文化史の一大事件であった。そのようなこともあって、ローマ帝国の法律は、ドイツ帝国の法律と考えられるようになった。

ち依然として定説を得ているわけではない。

6.2.1　利益説（目的説）　この説は、法の目的あるいはその保護する利益が公の目的または公の利益であるか否かによって、公法と私法とを分類する。このような目的説あるいは利益説は、その源を遠く古代のギリシアにもつといわれている。たとえば、かつてウルピアヌスは、「ローマのことに関する法は公法であり、各個人の利益には関する法は私法である」と述べたが、これは、こんにちいわゆる目的説といわれるものにほかならない。しかし、この説に対しては、こんにち、決して批判も少なくない。

　その批判の代表的なものは、法の目的またはその保護する利益を公的なものと私的なものとに分かつことへの疑問である。この批判は、公益との調和をもたない私法や私益との調和をもたない公法は、法の秩序を崩壊へ導くものであるという。これを、より実証的に表現すれば、たとえば、私法の中心的なものといわれる民法の制限行為能力制度、登記制度、親族、相続等に関する法規は、単に個人的な利益の保護だけでなく、国家的な利益とも深くかかわりをもっているし、公法を代表する憲法が保障する特に自由権は、もとより国家の利益と不可分であるが、国民の個人的利益の基本をなすものであるというのである。一体、法は、その本質上、社会生活における人の規範であるから、一面においては、国家社会の利益のために仕えるとともに、他面においては、各個人の利益を保障しようとするものである。それゆえ、個々の事例において、ある法規が、公益のために仕えるものか、私益を守るものか、実際に判断を下すことは困難である。むしろ、こんにちの実践においては、両者を調和的に解決しようとしている傾向にあるといえる。しかしながら、それでも、法の目的またはその保護する利益が主として公目的または公益であるか否かを判断することは、可能であり、それゆえ、この説の効用をすべて否定するわけにはいかない。

6.2.2　主体説　この説によれば、公法とは、国家その他の公共団体に関する法、それらの相互関係を規律する法あるいはこれらのものと私人との関

係を規律する法をいい、私法とは、私人相互の関係を規律する法をいう。

　この説に対しては、国家その他の公共団体を中心とした法律関係と私人相互の関係を規律する法とを区別して取り扱う根拠が不明であるという批判がある。たとえば、国家その他の公共団体が、一私人と同一の資格で行為することがあり、その場合に、現実には公法は適用されておらず、私法が適用されているというのである。国家その他の公共団体が、建造物の売買契約をしたり、建築の請負契約をしたりする場合に、そこにおける売買契約や請負契約については、私法が適用されるからである。

6.2.3　法律関係説　　この説は、法が定める法律関係の性質に、公法と私法とを区別する論拠を求める学説である。この説には、まず、権力的支配・服従の関係すなわち不平等関係を定めるものを公法と説き、平等関係を定めるものを私法と説く権力関係説というべきものが存する。この説によれば、国家と個人との関係は、例外なく権力的支配・服従の関係であり、個人間の関係は、常に平等であるとの前提に立っている。ただ、この説では、国際社会について規定する国際法は、原則として平等な主権国家間の関係を規律するもので、私法と同質のものとなるが、国際法は、私法原理とその本質を等しくしないから、これを私法と同様に扱うことは妥当とはいえない。

　次に、統治権の発動に関する法を公法とし、統治権の発動にかかわりのない法を私法と説く、いわば統治関係説と呼ばれる立場がある。すなわち、統治権の所在、発動の形式、国家機関の組織、権限等に関する法は、公法であり、これらと異なる私人の生活関係を規律する法は、私法であるというのである。この説においては、公法と私法とが確定し難い法域がある。たとえば、わが国の「国民の祝日に関する法律」（昭和23年法178号）の如きは、統治関係とは直接にかかわりなく、また、私人間の関係を定めるものではないから、公法か私法か不明である。

　さらに、生活関係説とも呼ばれるべきものがある。この説では、人が、国家社会生活を営むに際して、単純な私人としての生活と国家及び公共団体の一員としての生活の2面を有しているということに注目する。そして、前者

の側面を規律する法を私法とし、後者にかかわる法を公法と呼ぶのである。しかし、たとえば、わが国の民法では、人が婚姻をした場合、届出（民法739条）を不可欠とするが、これを規定する民法の規定の如きは、公法ということになり、他方で訴訟当事者の合意管轄を定める民事訴訟法11条の如きは、私法ということになり、一般の常識的分類と一致しない。

　それでも、この法律関係説のいずれにおいても、公法と私法とは、大体において、正しく分類できる。しかし、その分類は、必ずしも完全ではない。

6.3　社　会　法

　公法と私法との区別は、もともと歴史的なものであって、決して理論的に確立されたものではない。それゆえ、両者の区別は、流動的なものであって、容易に変化し易い。たとえば、平時においては、個人的自由思想が普及し、私法といわれるものの領域が拡大する傾向を示すのに対して、戦時においては、国家的統制色が濃くなり、公法といわれるものの領域が拡大する。歴史的には、中世の専制政治体制の崩壊とともに、近代市民社会が形成され、専制からの解放は、私的自治の拡大の傾向を強めた。しかし、その後、経済における自由主義である資本主義は、頓に貧富の差を露呈し、個人主義・自由主義に対する是正を不可欠のものとした。20世紀は、この個人主義・自由主義に立脚した私法の原理を、実際には自由あるいは自由なる意志形成の機会を奪われている者のためにいかに修正するか模索している時代である。そのような現象は、「私法の公法化」ということばで表現され、そのような時代的背景の下に「社会法」という法領域が説かれるようになった。

　しかし、社会法という概念は、必ずしも明らかではない。かつての私法の原理が、①所有権絶対の原則、②契約自由の原則、③過失責任の原則を支柱としてきたのに対して、実質的な自由を弱者にも与えるためには、国家的な干渉がある程度必要とされることは、万人の認めるところである。その結果として、一方では、個人主義・自由主義を尊重する立場をとりながら、他方では、たとえば、①公共の福祉の原則、②権利濫用の原則、③無過失責任の原則が出現するに至っている。このように弱者に対して実質的自由を与える

ために制定された法律としては、労働関係法、経済関係法、福祉関係法、公害関係保障法といったものがある。これらの法律によって、国家が私人間の関係に指導的、保護的、調整的、強制的に介入する機会が生まれているのである。

7　実体法と手続法

7.1　序　　論

　法は、それが権利義務の実体に関するものであるか、それとも、権利義務の運用手続に関するものであるかによって、実体法（materielles Recht）と手続法（Verfahrensrecht）とに分類される。

　そのうち実体法とは、権利義務の発生、変更、消滅あるいは権利義務の内容、性質、効果等を規定する法をいい、手続法とは、権利義務の行使、保全、履行強制などの手続きを規定する法をいう。たとえば、民法、商法、刑法等は、ほぼ実体法であり、民事訴訟法、刑事訴訟法、非訟事件手続法、不動産登記法、民事執行法等は、ほぼ手続法である。もっとも、この区別は法全体の性格に基づいた区別であって、実際には、実体法といわれるものの中にも手続法規が存在し、また、手続法といわれるものの中にも実体法規が存在する。たとえば、民法の中に存在する外国法人設立手続に関する規定（民法37条）、強制履行に関する手続（民法414条）等は手続法規であり、また、刑事訴訟法の中に存する出頭拒否に関する規定（刑訴134条）、身体検査拒否に関する規定（刑訴138条）、出頭義務違反に関する規定（刑訴151条）、宣誓証言の拒否に関する規定（刑訴161条）、仮登記の効力に関する規定（不動産登記法106条）等は実体法規である。また、地方自治法の如きは、実体法規と手続法規との混合法といっても過言ではない。

7.2　実体法と手続法の関係

　実体法と手続法とは、形式的法律によっては、必ずしも絶対的に分離区別することはできず、形式的法律による分離区別は、飽くまでも相対的なもの

である。実体法が実効性を発揮するためには、手続法が不可欠であるから、その意味において、各規定について、それが実体法か手続法かを分別することは必ずしも不可能ではない。

　この実体法と手続法については、前者が主法と呼ばれ、後者が助法と呼ばれることから、両者の間に主従関係があるかのような印象を与える。しかし、発生論的には、手続法が実体法に先立つといわれる。とりわけ裁判に関する法については、このことが妥当する。ただし、実体法と手続法との効力に矛盾が生じたときは、実体法が手続法に優先するものとされている。

　裁判に際して、裁判所は、実体法が存在しないことを理由として、裁判を拒むことができない。しかし、実体法が存在しても、手続法が存在しない場合には、裁判を便法的手続の仮設によって行うことはできない。戦後、わが国が戦勝国によって裁かれた、いわゆる東京裁判は、実体法も手続法も存在しない中で行われたものであって、法理論的には説明がつかないものである。

　実体法が改正された場合には、法律不遡及の原則と既得権不可侵の原則上、旧法時代の法律関係については、主として旧法が適用される。これに対して、手続法が改正された場合には、旧法時代の法律関係についても、新法が適用されることが多い。

第6章

法 の 効 力

1 序　　論

　法の効力とは、法が現実に国家その他の社会を規律する規範としての力をいう。このような効力は、実定法に不可欠のものである。このような効力を欠く実定法は、いわば画餅にすぎず、自然法その他の規範と大して差異を有しない。換言すれば、実定法の実定法たる所以は、この効力にあるのである。

2 法の実定性

2.1 序　　説

　実定法が実定法として認められるには、政治的に組織された社会の権力によって定められ、あるいは承認されていることを不可欠とする。このように政治的に組織された社会の権力によって権威づけられた法が有する性格を実定的性格という。この法のいわば実定性とは、換言すれば、法の規範論理的「妥当性」（または「通用性」）（Geltung）と社会事実的「実効性」（Wirksamkeit）との統合状態を意味する。これらの妥当性あるいは実効性という性格の1つを欠くときは、ここで考察の対象としている法が完全なかたちで存在するとはいえないのである。

2.2 法の妥当性

2.2.1　価値的妥当性（または哲学的妥当性）　「法の客観的な正当性」を意味

する。すなわち、妥当性を正義と同じ意味で解するのである。この意味においては、真っ先に法そのものが当然に正当なものでなければならないから、不当なものである悪法は法ではないことになる。

　しかし、実際には、この意味における当・不当すなわち正義の問題は、哲学の対象であって、この正義の意味の難解さは、既に述べた通りである。

2.2.2　具体的妥当性　　法律の解釈・適用の結果の個別的・具体的事件における最適性のことをいう。価値的妥当性と対置される。

　法の解釈・適用は、一面において、法的安定性の要請上、事件の特殊性を考慮した判断を嫌悪するが、他面において、現実的な社会生活上の要請に基づき、合目的的な解釈・適用を試みることもある。その試みにより、個別的事件において、合目的性の配慮に基づき、法的安定性を損なわぬ範囲で行われる法の形式論理的操作の緩和をもって得られた解釈・適用の結果の特殊的適性のことである。

2.2.3　事実的妥当性（または因果的妥当性）　　「実際に服従されること」を意味する。すなわち、人が、その行為を法によって実際に規律され、言い換えれば、一定の法を原因としてその行為が結果的に規律された場合をいう。

2.2.4　規範的拘束性（または実定的妥当性）　　法の客観的な正当性を要件とすることなく、単に法として現実に定立されたことをもって服従されるべきことを要求することをいう。それゆえ、この意味の妥当性は、特に「実定的妥当性」と呼ばれることがある。

　これらのうち、すべての実定法に不可欠に伴っている妥当性とは、実定的妥当性である。また、法学上最も頻繁に使用される意味の妥当性も、この実定的妥当性である。

2.3 法の実効性

法の実効性とは、法が現実に服従されていることをいう。すなわち、先に述べた「事実的妥当性」または「因果的妥当性」というのが、それである。

これを、法規範の側に注目して述べれば、法の実効性とは、人の行為を法規範に適合させるべく精神作用の内部に働きかけ、かつ、そのように行動させる、いわば、規範適合的行為を生み出す規範のもつ力をいう。

2.4 法の妥当性と法の実効性の関係

このように、法の妥当性と法の実効性とは、はっきりと区別される。すなわち、妥当性の問題が、規範性に関する問題であるのに対して、実効性は、あくまでも事実性に関する問題である。

そのうち規範性は、規範の侵害の可能性を当然に前提とする。たとえば、「スベテ人ハ、ソノ思ウガ如ク振ル舞ウベシ」というような法は、絶対に侵害されない代わりに、法としては意味をなさない。それは、無秩序の容認であり、あらゆる規範と馴染まないのである。このような規範は、およそ規範として十分に実効性をもつが、規範としての妥当性を欠くわけである。

3 法の効力

3.1 序　　論

法の効力は、その法がもつ社会性及び歴史性から、当然に一定の限界を有している。このことは、成文法・不文法を問わず、また、いかなる国の法であろうと、およそ実定法に共通したことである。

この法の効力について論ずる場合、時・人・所に注目して論ずるのが一般である。

3.2 時に関する効力

3.2.1　法の公布・施行　　法は、公布の後、実施されるのを原則とする

(もちろん、不文法は、公布されることはない)。すなわち、公布によって、国民に対しては、法の内容を周知させ、それを遵守すべき時期を明確にし、公務員に対しては、それを執行すべき時期を示すわけである。このように、法が公布されてから施行されるまでの期間を「周知期間」といい、法が実際に施行されている期間を「施行期間」という。

わが国では、法律は、公布の日から起算して満20日を経て施行されるのが原則である（法適用通則2条）。命令は、周知期間に関する原則規定をもたない。もとより、法律についてこれと異なる施行期日が定められた場合は、この限りではない。

日本国憲法については、6カ月の周知期間が設定された（憲法100条1項）。法律についても、たとえば、国家賠償法附則第1項には、即日施行という特別の規定があり、また土地収用法附則には、「この法律の施行期日は、公布の日から起算して1年をこえない期間内において、政令で定める」という特別の規定が確認される（もちろん、不文法については、周知期間という概念は存在しない）。

3.2.2 法の廃止　　法の廃止とは、法がもっていた拘束力を消滅させることをいう。すなわち、法の施行を終焉させることである。法の拘束力を消滅させるものには、このほかに法の変更がある。この法の変更とは、新法によって旧法の一部または全部を消滅させる場合をいい、後述する外在的法の廃止原因に属する。

①内在的廃止原因　　内在的廃止原因は、さらに、「施行期間の満了による場合」と「法の目的とする事項の消滅による場合」とに分けて述べることができる。

(a) 施行期間の満了　　法令には、あらかじめその規定の中に施行期間を定めているものがある。このような法は、限時法（Zeitgesetz）と呼ばれ、施行期間の満了によって、当然に消滅する。たとえば、口蹄疫対策特別措置法（平成22年6月4日）は「この法律は、平成24年3月31日限り、その効力を失う」（附則第2条）と規定し、テロ対策特別措置法（平成13年11月2日）は

「この法律は、施行の日から起算して6年を経過した日に、その効力を失う。ただし、その日より前に、対応措置を実施する必要がないと認められるに至ったときは、速やかに廃止するものとする」(附則3項)と規定した。

　(b)　法の目的とする事項の消滅　　法令の中には、しばしば一定の目的事項が規定されているものがあるが、その目的が消滅した場合、それを規定している条項に存在理由がなくなることはいうまでもない。たとえば、大正6年の「対敵取引禁止令」は、平和の回復によって自然に廃止され、第2次大戦後、樺太・朝鮮・台湾に関する法令が、わが国の領土の変更に伴い、当然に消滅し、その効力を失ったようにである。国連憲章は、中華民国とかソヴィエト社会主義共和国連邦について規定し(憲章23条1項)、また、「敵国」(憲章53条)「憲章の署名国の敵」(憲章107条)について触れているが(いわゆる敵国条項)、未だ廃止あるいは改正されていないものの、これらの規定も、こんにち、最早、実質を欠いた無意味な規定である。なお、常任理事国の地位には、現在、ソ連に代わってロシアが、中華民国に代わって中華人民共和国がついている。

　②外在的廃止原因　　外在的廃止原因は、さらに、「明示の廃止」と「黙示の廃止」とがある。

　(a)　明示の廃止　　これは、新法の中に、旧法の一部または全部を廃止する旨の明文規定が設けられている場合である。たとえば、「会社法の施行に伴う関係法律の整備等に関する法律」(平成17年7月26日)が廃止する法律を列挙し(1条)、「一般社団法人及び一般財団法人に関する法律及び公益社団法人及び公益財団法人の認定等に関する法律の施行に伴う関係法律の整備等に関する法律」(平成18年6月2日)が「中間法人法」の廃止を規定している(1条)。

　ただし、この場合、新法の法形式は、旧法と同等ないしそれ以上でなければならない。たとえば、新しい命令をもって古い法律を改廃することはできないのである。というのも、形式的効力において劣る下位法によって上位法を改廃することは、法論理的に矛盾するからである。日本国憲法98条1項は、日本国憲法制定以前の法令等で日本国憲法と矛盾するものの効力を失わ

せるが、これは、上位の規範によって下位の規範の効力を失わせるもので、法論理的に矛盾はない。

（b）黙示の廃止　新法の規定が、旧法の規定と矛盾ないし抵触する場合には、前者が後者を改廃したことになる。この場合、新法の法形式は、旧法と同じであることを前提とする。新法が旧法に上位すれば、旧法と矛盾する新法が優位すべきは当然であるが、新法が旧法に劣れば、新法をもって旧法を改廃することはできないのである。新旧の法形式が同じ場合には、「新法は、旧法を改廃する」(Lex posterior derogat legi priori) という原則が機能する。この原則は、国権の最高性という意味の主権の属性から派生する原則である。ここで注意されるべきは、右の原則と「特別法は、普通法に優先する（特別法は、普通法を破る）」という原則との関係である。特に新しい普通法と古い特別法との関係では、「新しい普通法は、古い特別法を改廃しない」(Lex posterior generalis non derogat legi priori specialis) という原則が働くから、たとえば、民法（明治29年4月公布、同31年7月施行）施行は、特別法である旧利息制限法（明治10年9月11日太政官布告第66号）の効力になんら影響を及ぼさなかった。ただし、このような原則は、飽くまでも黙示の廃止の場合であって、その他の場合には適用されない。

3.2.3　法律の不遡及の原則　法令の効力は、それが施行される以前の事項には、適用されないことを原則とする。この原則が、法律不遡及の原則と呼ばれるものである。この原則は、法的安定性の要請による所産であり、ローマ法以来、法原則の中で枢要な地位を占めている。日本国憲法39条も、一事不再理の原則とともに、刑事に関しては、遡及処罰の禁止の原則を規定している。

この法律不遡及の原則は、民事上のそれと刑事上のそれとにおいて、顕著な差異を有する。

民事上においては、法律不遡及の原則は、単に法の解釈・適用上の原則であって、決して立法上の原則ではない。それゆえ、立法政策上、法律の遡及効 (rückwirkende Kraft) が要求される場合には、立法によって、例外的に遡

及効を規定することも可能である。たとえば、駐留軍用地特別措置法附則（平成9年4月23日）2項は、改正法の施行日において使用期間が満了している土地にも遡って適用されることを規定している。

　刑事法の領域においては、法律不遡及の原則は、罪刑法定主義の原則の派生的な原則として、特に厳格に解釈されている。罪刑法定主義は、大陸法の原則であって、不文法が幅を利かせる英米法系においては、当然に思考の外に置かれる。しかしながら、アメリカ合衆国憲法は、実質的にはこの原則を認め、いわゆる「事後法（ex post facto law）の禁止」の規定を設けている（合衆国憲法1条9節3項、10節1項）。日本国憲法39条は、合衆国憲法の右の規定を継受したものである。それゆえ、事後処罰の禁止の原則については、事後処罰の国民的な要求があったとしても、新法を制定して、それを遡及して適用することはできない。すなわち、事後処罰の禁止の原則は、単に解釈・適用の問題ではなく、立法をも拘束するものである。

　しかしながら、新法が旧法に比較して、軽い刑罰を設けた場合に、それを遡及して適用することは、人権を尊重する日本国憲法の精神と矛盾することではないから、そのような新法の遡及効は認められるのである（刑法6条）。

3.2.4　既得権不可侵の原則　　法律不遡及の原則と密接な関係があるが、既得権不可侵の原則または既得権尊重の原則は、法律不遡及の原則の当然の結果として、旧法令に基づいて取得した権利が新法令の施行によって当然には変更または消滅することはないという原則である。もっとも、「私法」の領域では、法律不遡及の原則は、立法上の原則ではないから、とりわけ私法の領域において「既得権は、害せられず」という原則が主張されるにもかかわらず、それは、絶対の原則ではない。日本国憲法29条1項は、財産権の不可侵を規定しているから、財産権は、尊重されなければならないが、財産権は公共の福祉のために適合するように定められ、また、公共のために用いることができるから（憲法29条2項、3項）、財産権について、既得権の不可侵は、絶対の原則ではない。ただ、私有財産が公共のために使用される場合に、損失の補償がなされるのは、私有財産の保障及び公平の原則を考慮した

ものであるが、私有財産の保障に伴い、既得権の不可侵の原則を考慮したものである。

これに対して、公法の領域においては、権利は、法に付随し、法の廃止とともに、既得権は、効力を失うものとされている[1]。

それでも、既得権不可侵の原則は、法律不遡及の原則と同様、国民の法的生活の安定のために無視し得ない。その原則には、国民が適法に取得した権利について、たとえ立法によってでも、確かな理由もなく剥奪されることを抑止する狙いが存するからである。ただ、この原則は、主として法適用の原則であって、立法政策上の必要と衡平の思想に反しない限り、既得権の消滅あるいは剥奪は、不可能ではない。

3.2.5 経過法　経過法（時際法）とは、法令の改正があった場合に、新法の効力と旧法の効力との関係が問題となるが、その間の問題を解決するために制定される法のことをいう。すなわち、新旧両法にわたる事項について、新法・旧法のいずれの法を適用するか、旧法における法律関係が新法によってどの程度の影響を受けるかについて定める法をいう。限時法が失効した後の問題の処理も、通常、この経過法に委ねられる。このような法の例としては、民法施行法、商法施行法、刑法施行法等（の大部分の規定）を挙げることができる。

3.3　人に関する効力

3.3.1 序説　人に関する効力については、従来、属人主義と属地主義と、2つの原則が認められている。

属人主義とは、国籍を標準として法の適用を定めるもので、およそ国籍を

---

[1] 運転免許における区分は、公法であっても既得権の不可侵の原則を考慮しており、制度の改正により区分が変わっても、原則として従来と同様の種類の車両が運転できる。たとえば、1965年の道路交通法改正までに普通免許を所持していた者は、改正により自動二輪に規制がかけられた後も、排気量に制限がない自動二輪の運転が許されており、また近年では、平成19年6月1日以前に普通免許の交付を受けていた者は、新法の普通免許の区分ではなく、限定つきの中型免許として、従来の普通免許と同じ範囲で運転できるようになっている。

もつ者に対しては、その者が国内にいるか国外にいるかを問わず、その者が所属する国の法を適用するという原則である。この原則は、歴史的にはともかく、理論的には国家固有の統治権という意味の主権の一面である対人高権によって説明できる（たとえば、刑法3条、4条）。

属地主義とは、国土を標準として法の適用を定めるもので、自国民であるか外国人であるかを問わず、領土内にある者に対して、その国の法を適用する原則である。この原則は、歴史的にはともかく、国家固有の統治権という意味の主権の一面である領土高権によって説明できる（たとえば、刑法1条）。

古代においては、法の適用については、概して領土よりも民族（種族）の観念が強く、したがって、属人主義の傾向が顕著であった。たとえば、古代ローマの市民法（ius civile）が、ローマ市民に対してだけ適用されたようにである。しかし、国家という考え方が次第に発達すると、領土の観念が、漸次、国家という概念の不可欠の構成要素となった。特に中世の封建制度が発生すると、領土の観念も、非常に高唱されるようになり、属人主義に代わって、属地主義が行われるようになった。

近世は、人々の激しい移動を示した時代である。この時代、交通も発達して国家間の交渉が頻繁になると、属地主義だけでは著しく不便を生ずるようになった。たとえば、属地主義を徹底すれば、国内にいる敵国人に対してでも、徴兵義務が課されることになる。そのようなことが、却って、不都合を生ずることはいうまでもない。そこで、こんにちでは、世界の各国は、原則として属地主義を採用しながらも、ある程度まで外国の主権を尊重して、一定の場合には、属人主義をも併用している。

3.3.2　わが国における原則

①序説　国家がもつ統治権という意味の主権は、対人高権と領土高権とからなるが、その結果として、一国の法は、その国民一般に対して適用されるだけでなく、領域内の外国人一般に対してもその効力を及ぼす。これは、各国に通有の原則であって、わが国の場合も、例外ではない。

わが国の法は、対人高権によって、原則としてわが国民のすべてに対して

適用される。また、わが国の法は、領土高権によって、原則としてわが国土内のすべての外国人に対しても適用される。この場合、日本人であるか外国人であるかは、国籍の有無によって定まり、日本人の範囲は、法律によって定められる（憲法10条）。現在、自然人についてこれを定めている法律は、国籍法（昭和25年法律第147号）である。

　法人の国籍については、国または国の行政区画のような公法人は、一定の領域を基礎としているから（領域団体）、その領域の地理的な区別によって、外国法人であるか内国法人であるかが、明らかである。これに対して、私法人については、右のような基準となる要件は存在しない。しかし、わが国の民法や商法に準拠して設立された法人は、内国法人である。

　②自然人と国籍の抵触　　自然人については、しばしば国籍が抵触する場合がある。国籍決定に際してわが国のような血統主義の国家とアメリカ合衆国のような（出）生地主義の国家とがあるからである。前者の国民が後者で出産すれば、その子は、二重国籍となり（積極的国籍の衝突）、後者の国民が前者で出産すれば、その子は、無国籍となるからである（消極的国籍の衝突）。なお、この国籍の抵触がある場合については、法適用通則法38条が規定している。

　わが国籍法は、外国の国籍を有する日本国民について、一定の条件の下に、国籍の選択を義務づけ、また、一定の条件の下に、法務大臣による国籍選択の催告等について定めている（国籍法14条、15条、16条）。わが国では、国籍離脱の自由が保障されている（憲法22条2項）が、日本国民は、自己の志望により、外国の国籍を取得したときに、日本国籍を喪失し、外国の国籍を有する日本国民は、その外国の法令により、その国の国籍を選択したとき、日本国籍を喪失する（国籍法11条）。

　ともあれ、わが国の法は、わが国民が国の内外のいずれにいようと、万遍なく適用されるのを原則としているのである。もとより、その場合、国外に居住するわが国民については、居住国の領土高権による制約が伴うこともあることを看過してはならない。

3.3.3　例外　　一国の法は、その領土内の国民に対して、同じように適用されるのが原則であるが、この原則に関しては、わが国の場合、次のような例外がある。

①一般国民の特殊の種類の人々について、一般的な法ではなく特別の法が適用される場合。たとえば、労働者について適用される労働基準法、医師について適用される医師法、質屋について適用される質屋営業法等が、それである。

②特殊の地位にかかわる人々について、特別の法が適用される場合。日本国及び日本国民統合の象徴である天皇の地位にかかわる皇室に属する人々について、皇室典範や皇室経済法等が存するようにである。

③外国に在留している日本人は、その在留国の法律に従うことが原則であるから（属地主義）、彼らには、原則として、わが国の法が適用されない。

　しかし、この原則に対しては、政治上または国際法上の理由から、次のような例外が存する。第一に、公法上の例外がある。公法上の権利義務は、一国民としての地位に基づくものである。それゆえ、公法上の権利義務の存否は、本国法すなわちわが国の法に基づいて判断される。第二に、国際私法上の例外がある。人の身分とか、能力等に関することは、各国の特有の人情、風俗、習慣等に基礎を置くものであるから、本国法すなわちわが国の法に従わなければならない。たとえば、成人年齢、成年被後見人・被保佐人・被補助人の要件等、婚姻や離婚の要件、親子関係、相続関係、遺言等についてがそうである。

④国際法上の例外として、わが国の法の適用が、国内にいる人について制限される場合がある。この例としては、一般には、治外法権（Extraterritorialität）や領事裁判権（Konsulargerichtsbarkeit）が挙げられる。そのうち治外法権とは、その外国語が示しているように、在留国の法の外にあることから、あたかも領土外にあるいわば「領土外資格」を意味し、外国元首とか、外交使節に認められたもので、在留国の法、特に裁判管轄権に服しない資格をいう。治外法権の地域内に存する人については、その者がいかなるかたちで存しようと、わが法は、直接的には及ば

ない。

　次に、領事裁判権とは、当事国間の条約に基づき、領事がその接受国にある自国民について裁判を行う権限をいう。第2審については、本国の裁判所が行うことが多い。この領事裁判に関する条約は、当事国間の文化の程度や国力の差を反映するもので、先進国間で締結されることはない。かつてわが国またはわが国民が中華民国で治外法権をもつといわれたのは、わが国が領事裁判権を有したからであるが、もとより、この領事裁判権という意味の治外法権は、既述した意味の外交官や領事や軍艦等の治外法権とは、著しく異なる。かつてわが国も、この領事裁判権を外国に認めたことがあったが、現在、わが国法は、このような領事裁判権とはまったく無関係である。

　各国の条約によって、特定のものに対して、裁判権を行使しない例は、その他にも存在する。こんにち、わが国は、「日本国とアメリカ合衆国との間の相互協力及び安全保障条約」（いわゆる「日米安保条約」）を締結しており、その条約に基づく「日本国とアメリカ合衆国との間の相互協力及び安全保障条約第6条に基づく施設及び区域並びに日本国における合衆国軍隊の地位に関する協定」（いわゆる「日米地位協定」）によって、合衆国は、施設及び区域内において、それらの設定、運営、警護及び管理のため必要なすべての措置をとる権限を有し（地位協定3条）、その他にも、同協定に基づくいろいろと合衆国軍人等に関する権限を有しているから、その範囲で、わが国の法の適用は制限される。

⑤犯罪地や内外人を問うことなく、わが国の一部の刑法規定が適用される場合がある。たとえば、刑法2条は、「この法律は、日本国外において次に掲げる罪を犯したすべての者に適用する」と規定し、一定の犯罪について同条項の適用を定めている。

⑥外国人が外国で罪を犯した場合に、その犯人が、後日、ある国に来たとき、その国が犯人を処罰できるか否かについては、従来、2つの主義が対立してきた。すなわち英米主義は、外国人の外国犯罪については、国家に処罰権も管轄権も認めず、これに対して、大陸主義は、処罰権があ

るとして、被害国の訴追権を認めたというようにである。わが国では、刑法4条の2が、国外犯に関する刑法2条、国民の国外犯に関する刑法3条及び公務員の国外犯に関する同法4条のほか、何人を問わず日本国外において第2編の罪で、条約により、日本国外において犯したときにも罰すべきものとされているものを犯した者に、わが刑法を適用することを明示に規定している。

⑦平和に対する罪及び人道に対する罪については、現在、普遍的な犯罪としようとする動きがある（普遍主義）。また、ジェノサイド条約（1948）の如き、世界的に適用される性向を有する犯罪も、生まれつつある（世界主義）。

3.4　所に関する効力

3.4.1　序説（原則）　一国の法は、通常、その領域（領土、領海、領空）において万遍なく行われるのを原則としている。これは、国家固有の統治権という意味の主権の一面である領土高権の及ぼす効果でもある。しかしながら、法が支配するのは、決して領域そのものではなく、あくまでも、そこに存在する人間の行態であるから、法の領域的効力の範囲は、究極においては、概ね、人的効力の範囲と合致する。要するに、後者が、人の国籍に注目するのに対して、前者は、人の所在場所に注目しているにすぎないのである（たとえば、刑法1条）。

3.4.2　例外　一国の法の中は、一国の領域内で万遍なく適用されるべきであるが、特定の地域にのみ適用される法がある一方で、一国の領域を越えて適用される場合もある。まず、前者の例としては、法の分類に際して述べた場所的特別法がある。憲法95条の一の地方公共団体のみに適用される特別法は、この意味の特別法に属し、また、各地方公共団体の条例も、地方自治を認められた結果としての当然のことであるが、法形式を異にするこの種の特別法に属するものである。

次に、一国の領土を越えて適用される場合としては、まず、日本国外にあ

る日本船舶等には、わが国の刑法が適用される（刑法2条1項）。私船については、特定の法の例外を除き、旗国主義が原則である。それゆえ、わが国の私船が公海にある場合、わが国の法が適用される。ただし、「人類共通の敵」とされる海賊については、公海にある場合でも、いずれの国家も、海賊行為を理由としてこれに対して措置を講ずることができるから（海洋法に関する国際連合条約105条）、わが国の法が国域を越えて適用される[2]。軍艦と公船とは、一国の主権の延長とみなされているから、軍艦や公船が、公海上にあるか他国の領海上にあるかを問わず、それらには、船籍所属国の法が適用される。その意味において、たとえば、わが領海上の外国軍艦あるいは外国公船には、わが国の法は適用されないことになる。航空機についても、同様である。

　国際社会の特殊な状況から、自国法の効力が、一国内で、いわゆる地方特別法とは別の意味で、地域的に制限される場合がある。管理地、租借地、占領地、領事裁判権が行われる地域においては、自国法の効力が、制限される如くである。これらの地域では、それぞれ管理国、租借国、占領国、領事派遣国の法が、実施されるのを常としている。わが国の固有の領土であるいわゆる北方領土については、現在、ロシアの不当な占領下にあって、わが法の効力は及んでいない。竹島についても、韓国の実力支配が行われている現状にある。なお、極端な場合には、被管理国、被租借国、被占領国、領事裁判権を与えた国の主権が停止されることもある。わが国では、第2次大戦後の一時期、沖縄や小笠原等について、わが国の潜在主権は及んだが、施政権は及ばなかった。現在、わが国では、条約によって、条約にかかわる施設について、わが法の効力が制限されている例がある。いわゆる日米安全保障条約に基づいて、条約施設内について、わが国の法の支配が制限されているのである（地位協定3条等）。

　一国の領域内において、政治的、歴史的等その他の理由に基づいて、法域

---

[2] 海上保安庁法は、保安官に対して海賊行為等に対処するために警察権による対処と司法警察権による対処を認めている。同法は、警察官職務執行法7条に基づいて、「武器の使用」を認めるほか、海上保安庁法20条2項が規定する一定の場合には武器の使用が認められているが、昨今、海賊船あるいは工作船の武器の高度化に伴い、それだけでは、海上保安官の安全が保障されない事態が生じている。

が異なる場合がある。戦前における朝鮮や台湾といわゆる内地との関係が、そうである。なお、そのようないわゆる植民地の存在から、当時、わが国には、通常法とは少しく適用範囲を異にした共通法という存在があった。

　1997年に、イギリスから中華人民共和国に返還された香港については、中華人民共和国は、依然として法的に特別な扱いをしている。

第 7 章
法の解釈及び適用

1　序　　論

　法は、あくまでも、一定の事実があった場合に、一定の結果が随伴することを定める規則であって、条件的断定の形式で存在する。それゆえ、具体的な事件が生じた場合に、それを処理するためには、一般的な規則である法を当該事件に当てはめるための作業が必要である。すなわち、法の解釈（Auslegung）及び適用（Anwendung）の作業が要求されるわけである。実際、具体的な事件に応用されない法規範は、画餅に等しい。しかしながら、法が解釈及び適用される場合、その法が恣意的に解釈され、恣意的に適用されるようなことがあってはならない。そこにも、当然に守られるべき準則または方式がなくてはならないのである。

2　法の解釈

2.1　序　　説

2.1.1　法の解釈の必要性　　法の解釈とは、法を具体的な事実に適用するために、その意味を確定する作業をいう。それは、一定の事実として存在する実定法に客観的に通用する規範としての意味内容を与える価値判断作用である。

　法の解釈という作業は、あらゆる法にとって必要である。しかしながら、とりわけそれが必要であるのは、成文法においてである。というのも、比較

的に個別的・具体的な事実や事件と結びついて成立する慣習法や判例法と異なり、成文法は、個別的・具体的な事実や事件を想定しながらも、その表現形式は、一般的・抽象的であるからである。

　この法の解釈に際しては、その解釈の作業によって、一定の言語・文章から可能な限り客観的な内容を確定することに努められる。それでも、そこでは、必ずしも自然科学におけるような因果法則的認識がなされるのではなく、多分に政策的な認識も行われる。言語・文章に固定的な内容を与え、かつ、それをもって普遍的なものとすれば、それと流動的に変化する社会との間に著しい懸隔を生じさせることがあるからである。もとより、このことは、言語・文章がもつ客観性を否定するものではなく、右のことによって、政策的な認識という名の下に、既述した如く、専恣的な解釈がなされることは厳格に慎まれなければならない。言語・文章によって示された立法者の意志は、殊に民主的な社会においては、国民の意志にほかならないから、それだけに立法者の意志が冷静かつ客観的に把握されるべきことはいうまでもないのである。

　ところが、かつて、この立法者の意志が、過度に尊重されるように強制されたり要請されたりしたことがある。ユスチニーアヌス帝が、法典以外に法律的文献の作成を禁じ、法典の注釈書の著者を偽造罪に処すると述べたことは、非常に有名である。また、フリードリッヒ２世も、裁判官に対して法を解釈することを禁じている。さらに、ナポレオンは、ツーリエーがいわゆるナポレオン法典に注釈書を刊行したとき、「我が法典は失われた」（Mon code est perdu！）と憤慨したそうである。これは、ナポレオン自ら全知を絞って作成した法典が立法者の手を離れて独り歩きすることを恐れ慨嘆したからである。

　しかしながら、立法者がいかに聡明であろうとも、千変万化する社会現象のすべてを予測し、これに対応できる法典を制定することは、不可能である。また立法者が、法典をもって、変転する社会事象を固定化することも、妥当とはいえない。しかし、現実には、社会の平穏や人々の自由、権利及び安全を保持するために、立法は、不可欠である。しかも、法の下の平等は、立法

の一般性を要求する。そのように一般性をもつ立法の成果は、個別的事象との関係においては、必ずしも明確ではない。しかし、一般性を有する法によって、問題ある個別的事象は、統制されなければならない。その場合、人が有する専横的で場当たり的な法的統制への嫌悪は、人の行動の基準を定めた遵守されるべき法の明確化を要求する。その明確化が、法の解釈を不可欠とするのである。その法の解釈に際しては、法の不足・不明を補い、かつ、矛盾のない法規範体系の創出に努められなければならない。それゆえにこそ、しばしば「法の解釈によって理解される法規範の意味は、立法者によるものよりも、明確でなければならない」というようなことが口にされるのである。法の解釈者は、立法者よりも、聡明でなければならないかもしれないのである。

ともあれ、法は解釈されるものであるが、その法の解釈の結果については、概ね、次のようなことが検討されなければならない。

2.1.2 法解釈の結果と正当性の問題　このように法の運用上不可欠な法の解釈に際しては、その解釈の結果には、何よりも正当性が伴うものでなければならない。もとより、この正当性とは、絶対的な意味の正義を意味しない。それは、あくまでも、解釈の結果が客観的に正当であろうと思われるところのものであることを意味する。解釈の結果が、あまりにも明白に主観的なものでない限り、実際に、客観的に正当であるか否かは問われないし、問われ得ないのである。というのも、全能の存在ではない人間が、その限られた能力で、客観的な正義を明らかにすることは、しばしば不可能だからである。

2.1.3 法解釈の結果と安定性の問題　法の解釈の結果は、安定性をもつものでなければならない。このことは、解釈の結果の絶対的な不変性を要求するものではないが、解釈の結果が、個々の事象において、不合理に異なるものであってはならないのである。法の規範的な意味内容を確定する法の解釈の結果が目まぐるしく変化すれば、そのことによって社会生活に大きな動

揺や不安がもたらされることは、いうまでもない。かつて同様の問題に関連して、同じ裁判所で、1日を置いて、まったく逆の判決が下されたことがあるが、このような解釈の結果が望ましくないことは、論ずるまでもないことである。

2.1.4 法解釈の結果と現実性の問題　法の解釈の結果は、現実性を有するものでなければならない。このことは、法の解釈が現実妥協の御都合主義であってよいことを意味するものでは決してない。しかしながら、現実と懸隔のある解釈は、必ずしも解釈として意味をなすものではない。かつてケルゼンは、「100％従われる法と100％従われない法は、法ではない」と述べたが、法の解釈の結果についても、同様のことは当てはまる。

2.2　有権解釈

2.2.1 序説　有権解釈とは、国家またはその機関の与える解釈をいい、それは、さらに、「立法解釈」「司法解釈」及び「行政解釈」に細分できる。この有権解釈の特色は、法的影響力が必然的に伴うとは限らない単なる学術的な解釈と異なり、多少なりとも強制力を伴うことにある。

2.2.2 立法解釈　立法解釈とは、立法機関である議会自身が下す解釈であって、一般的で、しかも、ある程度絶対的な強制力をもつ。

　立法解釈は、法規によって法規の意味を定めるという性格のもので、それは、真の意味の解釈ではなく、一種の立法にほかならない。ただし、立法解釈によって、憲法に違反することはできない。また、この立法解釈としてなされた憲法解釈の結果、憲法の意味が、原則として、最終的に確定されるわけでもない。

　立法解釈の方法としては、概ね、次のようなものを挙げることができる。第一に「同一法令中に解釈規定を設ける方法」である。たとえば、民法85条は、「この法律において『物』とは、有体物をいう」と規定し、また、商法4条が、「この法律において『商人』とは、自己の名をもって商行為をす

ることを業とする者をいう」と定め、さらに、刑法7条が、「この法律において『公務員』とは、国又は地方公共団体の職員その他法令により公務に従事する議員、委員その他の職員をいう」と規定しているが如きである。その他にも、「電磁的記録」に関して定める刑法7条の2とか、「労働組合」「労働者」に関して定める労働組合法2条、3条、「つきまとい等」に関して定めるストーカー規制法2条等、その例は、数多い。

第二に、基本法に対する「附属の法令の中に、解釈規定を設ける方法」がある。たとえば、民法467条の「確定日付のある証書」の意味について、民法施行法5条が、「証書ハ左ノ場合ニ限リ確定日付アルモノトス」と規定して、具体的に内容を与えている如くである。

第三に「法文中に適当な例を設けて、法の用語の意味を明らかにする方法」がある。たとえば、民法218条に「屋根その他の工作物」と規定して、工作物について例示し、借家法5条が、「畳、建具其ノ他ノ造作」と規定して、造作について例示しているようにである。

さらに、「別に解釈のための立法を行う方法」がある。たとえば、かつて商法における「署名」について、「商法中署名スヘキ場合ニ関スル法律」(明治33年2月26日法律第17号)が、「商法中署名スヘキ場合ニ於テハ記名捺印ヲ以テ署名ニ代フルコトヲ得」と規定し(現在、商法32条)、また商法中改正法律施行法(昭和13年4月5日法律第73号)3条が、いわゆる新法[1]8条の「小商人」につき、「小商人トハ資本金50万円ニ満タサル商人ニシテ会社ニ非サル者ヲ謂ウ」と規定していたような場合(現在、商法7条の委任に基づく法務省令)、がそれである。

2.2.3 司法解釈　　司法解釈とは、裁判所が行う解釈をいい、原則として判決の形式でなされる。判決は、その性質上、それを下した裁判所はもちろんのこと、その他の裁判所をも拘束しない。しかしながら、裁判所は、特別の事由がない限り、同一事件については、先例を尊重する傾向をもち、とり

1　商法中改正法律施行法1条　本法ニ於テ新法トハ昭和13年商法中改正法律ニ依ル改正規定ヲ謂ヒ旧法トハ従前ノ規定ヲ謂フ(平成18年5月1日廃止)

わけ裁判所法4条によれば、上級審の裁判所の裁判における判断は、その事件について下級審の裁判所を拘束するから、このような場合には、司法解釈の社会的価値が生ずることになる。

　この司法解釈の例としては、たとえば、最高裁判所が、日本国憲法36条の「残虐な刑罰」について、「いわゆる残虐刑とは、不必要な精神的・肉体的苦痛を内容とする人道上残虐と認められる刑罰を意味し……」と判示し（最判昭和23年6月30日、同旨最判昭和25年12月19日、最判昭和26年2月7日）、また、民法22条が定める「住所」について、同じく、最高裁判所が、「およそ法令において人の住所につき法律上の効果を規定している場合、特段の事由のない限り、その住所とは各人の生活の本拠を指す」と述べたり（最判昭和29年10月20日）、さらに、民法86条が定める「定着物」について、かつて、大審院が、「本条1項にいう定着物とは、その自然の状態を毀損しなければ分離が不可能であり、あるいは分離によりその固有の使用が不可能になるような物に限るのではな」いと解した（大判明治35年1月27日）等の例を挙げることができる。

　もとより、このように裁判所が判決を下すに際して法を解釈するだけでなく、たとえば、裁判所として見解を表明する場合もある。たとえば、浦和充子事件における国政調査権の問題に際して、最高裁判所が参議院と論争をした際、いわゆる補助的権能説に則った解釈をしたり、裁判員制度の創設にあたって、憲法上の疑義を表明したようにである（平成12年9月12日第30回司法制度改革審議会配布資料5）。

2.2.4　行政解釈　　行政解釈とは、行政官庁による法の解釈をいう。行政解釈は、法の執行に際して行われたり、下級官庁に対する訓令または指令あるいは回答、国会における質問に対する答弁等のかたちで行われる。たとえば、いわゆる政教分離の問題に関連して、「社会科その他、初等および中等教育における宗教の取扱について」[2]というような文部省による通達のごときである。ただこれらは、法の執行に際して下級官庁を拘束する力があるにすぎない。予算に関して定める日本国憲法86条に関して、それが継続費を

否定するものではないという解釈は、参議院大蔵委員会における答弁（第12国会昭和26年11月28日）としてなされた行政解釈の一例である。

2.3 学理解釈

2.3.1 序説　　学理解釈とは、個人の学理的思考によって、法規の意味に内容を与えることをいう。通常、法の解釈とは、この学理解釈のことをいう。

　この学理解釈は、法文の字句に固執するか否かまたはその程度によって、文理解釈と論理解釈とに細分され、また、論理解釈は法文とその意味との関係によって、拡張解釈、縮小解釈、補正解釈、反対解釈、勿論解釈等に細分できる。文理解釈と論理解釈とは、互いに無関係ではなく、他方を無視した一方だけの解釈方法が恣意性を帯びることは、論ずるまでもない。換言すれば、両者が相まってこそ、完全な解釈へと接近するものなのである。

　なお、学理解釈は誰でも行うことができるが、それだけでは何人も拘束しない。権限ある機関が学理解釈を行えば有権解釈となり、他者を拘束し得る。

2　社会科その他、初等および中等教育における宗教の取扱について（昭和24年10月25日文初庶152号文部事務次官通達）
　一　国立または公立の学校が主催して、神社、寺院、教会その他の宗教的施設を訪問することについて
　　学校が主催して、礼拝や宗教的儀式、祭典に参加する目的をもって神社、寺院、教会その他の宗教的施設を訪問してはならない。学校で主催するという意味は、学校で計画して団体で訪問すること、または個々の児童、生徒が学校から課せられて、神社、寺院、教会その他の宗教的施設を訪問することである。
　　国宝や文化財を研究したり、あるいはその他の文化上の目的をもって、学校が主催して神社、寺院、教会その他の宗教的施設を訪問することは、次の条件の下では許される。
　　（イ）　児童、生徒に強要してはならない。
　　（ロ）　学校が主催する旅行中に、神社、寺院、教会その他の宗教施設を訪問する児童、生徒の団体は、その宗教的施設の儀式や祭典に参加してはならない。
　　（ハ）　学校が主催して神社、寺院、教会その他の宗教的施設を訪問したとき、教師や指導者が命令して、敬礼その他の儀式を行わせてはならない。
　　（ニ）　学校が主催して、靖国神社、護国神社（以前に護国神社あるいは招魂社であつたものを含む）および主として戦没者を祭つた神社を訪問してはならない。

　なお、文部科学省はこの通達の一（ニ）について、「日本国との平和条約の発効により我が国が完全な主権を回復するに伴い覚書が効力を失ったことをもって、失効したものと考える」との答弁をしている（平成20年5月23日内閣衆質169第380号）。

2.3.2 文理解釈

文理解釈とは、法文の文字または文章の通常の意味によって、法の意味を確定する場合をいう。法文を構成する文字または文章が、法の目的とするところを表現するものであることはいうまでもない。それゆえ、法の意味は、まずもって、その法文の解釈によって開始されなければならない。その法文の解釈に際しては、次のような準則が守られなければならない。

第一に、法文の字句は、原則として、平易な、通常の意味で解釈されなければならない。人の行態の準則を明文化した字句と通常人の思考を表現した字句とが同一であった場合、原則として、その意味するところに大きな差異があってはならない。換言すれば、法文は、通常人が目にしたとき、原則として容易に理解できるものでなければならないのである。しかしながら、これは、あくまでも原則であって、法文が特別の用法によって字句を使用している場合は、この限りではない。たとえば、「人」とは、通常、自然人だけを意味するが、法の世界には、法人が存在するから、通常の観念に比較して、その範囲が広い場合がある。より具体的には、殺人罪における「人」は、通常の観念と同一で、法人を含まないが、名誉毀損罪における「人」の場合、殺人罪の人とは異なり、自然人に限定する必要はない。立法機関である国会（the Diet）と憲法制定議会を意味すると思われる日本国憲法前文1段の国会（the National Diet）とか、かつての特別裁判所（the special court）とは異なる意味で規定されている日本国憲法76条2項の特別裁判所（extraordinary tribunal）のような場合も、同様である。

第二に、法令中の同一用語は、原則として同一の意味に解釈されなければならない。同一の字句について異なる意味で解釈することが可能となると、それは、法令の理解に困難をきたし、したがって、法の下の生活を混乱させ、法的安定性を損なうおそれが生ずるからである。しかしながら、法が同一の字句を異なる意味で用いている場合は、この限りではない。たとえば、既述した「人」に例をとれば、民法上の「本人」（99条）、「他人」（703条）、「賃貸人」（619条）、刑法上の「人の秘密」（134条）、「人の信用」（233条）ということばを用いた規定における人が、自然人及び法人の双方を含むのに対して、

民法第1編第2章の人、民事訴訟法4条2項、刑法上の殺人罪（199条）等の人は、専ら自然人を意味するにすぎない。また、たとえば民法120条以下の法律行為の取消しは、当事者の制限行為能力及び意思表示の瑕疵（詐欺、強迫）によるものであるから、この理由に基づかない失踪宣告の取消し（32条）、無権代理行為の取消し（115条）、詐害行為の取消し（民424条）等を含まない。また、同じく民法上の婚姻の取消し（803条以下）等のいわゆる身分法の取消しは、いわゆる財産法における適用を予定した民法総則規定の影響を受けず、遡及効をもたず、将来に向かって効力を生ずるいわゆる撤回のことである。さらに、たとえば、憲法63条、66条、68条、75条の国務大臣は、内閣総理大臣を含まないが、憲法99条の国務大臣には、内閣総理大臣を含むものである。

　第三に、法文上の字句は、原則として、法典の全体との関係において解釈されなければならない。これは、一国における法体系の統一性を考えれば、当然の要請である。この原則を無視して、各字句を個別的かつ非体系的に解釈すれば、法典の全体としての体系は損なわれ、その一体性は失われてしまう。特に法には、原則法（または原則規定）と例外法（または例外規定）があるから、法の解釈に際してただ1条のみに注目すれば、解釈を誤るおそれが生ずる。たとえば、民法4条は、「年齢20歳をもって、成年とする」と定めているからといって、18歳の者は、すべて未成年ということにはならず、民法753条によって、婚姻をしている者は、民法上、18歳でも成人となるというようにである。

　第四に、法文の字句は、法的安定性及び社会的妥当性を考慮して解釈されなければならない。法文の字句が、解釈によってあまりにも変容するようでは、法的生活の安定性は損なわれる。逆に、法文の字句があまりにも固定的では、社会的妥当性を欠くことになる。そこで、法の解釈に際しては、右の2つのことに考慮が払われなければならないのである。たとえば、法解釈が目まぐるしく変われば、人の行態の基準が不明になり、人々は、その行為を安心して営むことができない。また、日本国憲法89条は、「公金その他の公の財産は、宗教上の組織若しくは団体の使用、便益若しくは維持のため、又

は公の支配に属しない慈善、教育若しくは博愛の事業に対し、これを支出し、又はその利用に供してはならない」と規定しているにもかかわらず、現在、いわゆる私学助成が、しかも宗教系私立学校への助成が行われている。これは、国公立学校では、国民の教育需要を充足することができず、私学が、国や公共団体の肩代わりをしている現実や、宗教系私立学校と非宗教系私立学校との間にその機能上の本質的な差異がないことに鑑みて、社会的に妥当なものとしてとられた措置である。

2.3.3 論理解釈　　論理解釈の意味は、必ずしも確定的ではない。それは、法文を基礎とするけれども、文理解釈ほどには、法文に拘泥せず、法典全体の一体性、法秩序全体の体系などの有機的・論理的連関、立法の精神及び沿革、法規適用の効果等を考慮して、論理的な法則によって法意を明らかにすることである。この論理解釈には、概ね次のものがある。

　①拡張解釈　　拡張（拡大）解釈とは、法文が示している通常の意味を論理的法則に従って拡大して理解することによって、法の真義を得ようとするものである。たとえば、「車馬通行止め」という場合、「馬」という特定動物が規定されたことによって、他の動物であれば通行を認められることを意味せず、その規則の本来の趣旨は、「馬」という文言を馬やそれに匹敵するその他の動物と解釈することを要求していると解する如きである。たとえば、憲法29条2項が「財産権の内容は……法律でこれを定める」と規定し、また憲法30条、84条が租税「法律」主義を定めるが、法律に準じた手続きで民主的に制定された地方自治体の「条例」もこれに含まれると解するのも、その一例である。

　②縮小解釈　　縮小解釈とは、拡張解釈と逆の場合であり、法の真義を法文の表現の意味を制限して解釈することによって得ようとするものである。たとえば、右の「車馬通行止め」という場合に、「車」の通行の意味は、乳母車や自転車の通行の禁止を意味するものではないと解釈する如くである。たとえば民法177条の「第三者」を「当事者以外のすべての者」ではなく「登記の欠缺を主張する正当の利益を有する者」と解するのも、その一例で

ある。

③変更解釈　変更解釈とは、文字の示す通常の意味を特殊な意味に変えて行う解釈である。たとえば、民法115条の「取り消し」は、効果の発生を将来に向かって消滅させる意思表示、つまり「撤回」と解する如くである[3]。日本国憲法前文1段の「国会」(the National Diet) とか、憲法76条の「特別裁判所」(extraordinary tribunal) についても、変更解釈がなされてこそ、妥当な解釈となる。また、慣習法について定める法適用通則法3条が、慣習が法令の規定によって認めたもの及び法令に規定がない事項に関するものに限り、「法律と同一の効力を有する」と定めていることから、「命令」によって認められた慣習法も、法律と同一の効力を認められるものと読めるが、日本国憲法は、立法権を国会に付与しているから、国会以外の機関が、法律より下の法形式をもって、法律と形式的効力を等しくする法規範の存在を認めることは、違憲である。したがって、この文言は、改正されるべきであるが、実際には、その改正もなされていないから、この規定は、命令によって認められた慣習法は、飽くまでも命令と同一の効力を認められるというように、その文言を変更して解釈されるべきである。

④反対解釈　反対解釈とは、法文が規定する要件と反対の要件が存在する場合に、法文の規定するところと反対のことを理解することである。「廊下で走ることを禁ず」という場合に、歩行は許されると解したり、「車馬通行止め」という場合に、人の徒歩通行は許されると解する如くである。「胎児は、相続については、既に生まれたものとみなす」という民法886条の規定から、それ以外の場合には、原則として胎児は生まれたものとみなされないと解するのも、この解釈の一例である。

⑤沿革解釈　沿革解釈とは、法成立の要件、とりわけ法案の理由書、立案書の意見、議事録及び政府委員の説明等に基づいて、法規の意味を理解することをいう。憲法学でいわゆる立法事実論は、この解釈の仕方の一反映で

3　従来、民法は「取消し」と「撤回」とを区別していなかったから、このような解釈を必要とする条文が多くあったが、平成16年の民法現代語化の際に、一部の条文が「取消し」から「撤回」に改められた。

ある。憲法66条2項の「文民」の理解には、そのことばがもともと存在しなかった造語であることから、この沿革解釈が、有用である。

⑥勿論解釈　勿論（当然）解釈とは、法文が規定する事項に関する立法精神から推論して、規定が存在しない場合にも、同様の規定が存在するものとして理解する場合である。たとえば、「自転車の通行を禁ずる」という場合に、当然に自動車の通行も禁止されると解するが如く、法文の規定するよりもより大きな理由で、法文と同じ結論を導くものである。民法738条の「成年被後見人が婚姻をするには、その成年後見人の同意を要しない」という規定から、それよりも精神障害の程度が軽い被保佐人の婚姻についても、保佐人の同意は必要とされないと解釈される場合もまた、そうである。通説が憲法73条6号ただし書を委任立法の根拠とする場合、刑事の委任立法が可能な以上、刑罰規定ほどには人の行動を制約しない民事の委任立法は勿論可能と説くが、これも、勿論解釈の一例である。

⑦補正解釈　補正解釈とは、法文の錯誤または不備が明白である場合に、法の目的に照らして、補充更生して行う解釈をいう。たとえば、民法233条2項が、「隣地の竹木の根が境界線を越えるときは、その根を切り取ることができる」と規定する場合には、単に「切り取ること」が認められるだけで、所有権の取得はないと解する如くである。この補正解釈については、法的安定性を害するという非難がある。しかし、法の社会的妥当性という見地に立てば、このような解釈方法には看過し得ないものがある。また、論者によっては、補正解釈の中に変更解釈を含ませて説く者もある。

2.4　類　　推

2.4.1　序説　類推とは、類比による推理のことであり、ある事項について法文に直接の規定がない場合に、法の精神に基づいて、類似の事項に関する法文と同様の法規があるとするものである。たとえば、「車馬通行止め」という場合、「馬」ということばに、「ロバ」や「ポニー」を含めるのであれば拡張解釈といえるが、「牛」や「鹿」をも含まれるとは考えにくい。そこで大型あるいは中型の四肢動物という類似性から、馬についての規定と同様

の法規が牛についても存在すると考えるのである。権利能力無き社団[4]の法律関係について、民法になんらの規定もないので、法人の規定から推理したり、また、刑法上、電気が財物とみなされている（245条）ことから類推して、電気以外の（物理的に管理可能な）エネルギーも、すべて財物とみなされる如くである。

2.4.2　法類推と法規類推　　この類推には、全法秩序の目的に鑑みてなされる法類推（Rechtsanalogie）と個々の法規の目的に鑑みてなされる法規類推（Gesetzesanalogie）とがある。戦前の学説においては、法規類推はともかく、法類推は否定されていたが、たとえば、現在では、憲法上の天皇の刑事的無答責の根拠について、摂政は在任中訴追されないと規定する皇室典範21条から類推する者が存するように、従来の学説に変化が見られる。しかし、この皇室典範21条について憲法との間に法類推が認められるとすれば、それは共に憲法制定権力によって制定されたという特殊な事情によるものと解されるべきものと思う。

2.4.3　類推の根拠　　このような類推が認められるのは、論理的な基礎は、「一定の事項についていわれ得ることは、これと共通の要素を持つ他のことについても妥当する」ということにある。わが国の刑法理論においては、ドイツ法学の影響を受けて、事の性質上「許される類推」と「許されない類推」とがあると主張する説がある。これに対して、罪刑法定主義の要請によって、犯人に有利な類推以外は認められないと説く者もいる。しかし、最近では、法の目的と論理的な可能性に鑑みて、類推は、私法上も刑法上も必ず

---

[4]　権利能力無き社団は、「非法人社団」とも呼ばれ、団体の実質が社団であるにもかかわらず、権利能力（法人格）をもたないものをいう。現行民法は、社団の設立について、自由（設立）主義によらず、法定（設立）主義を採用し（33条）、営利目的（会社）か公益目的（公益社団法人）以外には、特別法が定めた場合にのみ法人化が認められるだけで、しかも主務官庁の許可とか登記を必要としている。それゆえ、学友会、同窓会、サークル等で手続き的要件を備えなかったものについては、「権利能力無き社団」としての地位に留まらざるを得ないわけである。なお、民事訴訟法29条は、非法人にも代表者または管理人の定めがある場合には、当事者能力を認めている。

しも否定されていない。

3 法解釈の指針

3.1 序　　説

　法を解釈するに際しては、その指針を何に置くかによって、結論は非常に異なる。というのも、右の法解釈に際して、人は、しばしば、法成文にのみ注目し、これをもって法とし、それを解釈する姿勢を示すか、成文法を制定する過程に注目し、立法者の意思こそ法であると考え、その意思を解釈する姿勢を示すからである。その場合、時代とともにことばの意味が異なることがあるように[5]、実際には、法文の意味するところが時代と共に変化する可能性があるのに対して、立法者の意思は変化することはない。そうであるから、法の解釈の指針をどこに置くかによって法解釈の結果が異なることが、大いにあるのである。

3.2 法律主義（または法律意思主義）

　この立場は、法をもって立法者の意思を離れて独り歩きする法そのものに潜む「合理的」な意味と解して、それを明らかにしようとする。

　この立場においては、法は立法時と異なる変遷する現実社会への適合性を顕著に発揮する。たとえば、刑法175条の「わいせつ」の意味は、立法者の意図したところとこんにちとでは、大いに異なるだろう。この立場においては、他面で、法そのものに潜む「合理的」な意味なるものが、法解釈者によって歪曲して把握される危険性が、少なからず存在する。殊にそれが、ときに過度に便宜化されて、時の権力によって重用され、いわゆる「御用」化されかねないのである。したがって、この立場においては、法は、現実性を発揮するものの、法的安定性の面では、不安定な面を示すおそれがある。

---

[5] たとえば、「全然」ということばは、明治から昭和初期にかけては「全然ない」「全然よい」など、否定にも肯定にも用いられた副詞であったが、後に否定の語にのみ用いられるようになり、近年、再び肯定の語にも用いられるなど、意味を変化させている。

3.3 立法者主義（立法者意思主義）

　何事を行う場合にも、初志の高潔さは、ほぼ万人に伴うところであるが、立法者の場合も、原則としてその例外ではない。それゆえ、法も、その初志すなわち立法者の意思の顕現として、その立法者の意思の把握に努めることには一理ある。

　しかしながら、立法者の意思がどの程度に普遍性をもつかについては、一考の余地がある。たとえば、民法 770 条の裁判上の離婚に関して、立法者が有責配偶者からの離婚請求を認めていたかは、疑問であるが、こんにちの最高裁判例では、一定の場合に、有責配偶者からの離婚請求が認められている（最大判昭和 62 年 9 月 2 日民集 41 巻 6 号 1423 頁）。

　立法者主義においては、法的安定性は期待できるが、立法者の意思は、必ずしも明らかではなく、たとえ、それが明らかな場合でも、それが流動する現実社会にどの程度に合理的に適合できるかの問題が存在する。また、立法者意思に固執すれば、進展あるいは変化する社会の流れに逆行する場合があることは、否めないことである。たとえば、収賄罪を規定する刑法 197 条が、「職務に関し」というとき、立法者がどの程度にその範囲を意図していたかは、必ずしも明らかではないが、こんにち、最高裁判所判例が、公務員が法令上管掌する職務だけでなく、「その職務に密接な関係を有するいわば準職務行為又は事実上所管する職務行為に関して」賄賂を収受すれば、収賄罪が成立するとしたのは（最判昭和 31 年 7 月 12 日刑集 10 巻 7 号 1058 頁）、立法者の意思の範囲内か否かは、俄かには断じ難い。選挙に関する事項を法律事項とした日本国憲法 47 条は、一票の価値に著しい不均衡が生じた場合にでも、党利党略、派利派略及び議員の個人的利害が反映される国会でこれを改めることの難しさを露呈している。戦争の放棄を定める日本国憲法 9 条についても、その現実性が、しばしば問題となってきた。このようなことから、一世代の立法者がどの程度にその後の世代を拘束し得るか、問題があるが、少なくとも永遠に立法者意思が尊重されるということは、あり得ないことである。

3.4 折衷主義

　法の解釈に際して、法律の意思も立法者の意思も、ともに重要であるから、その一方のみに極端に偏ってはならない。ただその2つを指針としても、法には、しばしば、なお解明し難い場合が少なくない。そのような場合には、次のようなことが、解釈の指針として考慮されるべきである。

①客観的な正義・法的安定性・法の現実性の面を指針とすること。これは、法の解釈の結果がこのようにあるべき以上、法の解釈の開始に際しても、当然の要請である。

②少数者・弱者の保護を指針とすること。民主主義社会においては、法は、原則として多数者の意志の反映である。少数者や弱者を保護している法律も、それは多数者によって考えられた少数者の利益であって、それが真に少数者や弱者の意志に適ったものかは、必ずしも明らかではない。それゆえ、法が個別的事件において不明である場合には、右の客観的な正義・法的安定性・法の現実性に反するものでない限り、解釈に際して、少数者や弱者を保護する姿勢が保たれなければならない。

4　法解釈学

4.1　序　　説

　法解釈学（Rechtsdogmatik）の任務は、現行の法の規範的意味・内容の体系的な究明にある。その作業をする学問は、その認識方法として解釈が用いられることから、法解釈学は、解釈法学（dogmatische Rechtswissenschaft）とも呼ばれる。この場合の外国語における"dogmatische"とか"Dogmatik"というドイツ語は、それぞれ「独断的」とか「独断論」を意味するものではなく、「規範的」とか「規範体系学」を意味する。したがって、この学問はまた、体系的法律学とも呼ばれる。法解釈学においては、概ね、概念法学と自由法学とが対立している。

4.2 概念法学

　概念法学（Begriffsjurisprudenz）とは、イェーリングが、19世紀のドイツにおけるローマ法学の煩瑣主義的な傾向を非難して用いたことばである。

　この概念法学ということばは、その後、社会生活の現実を軽視して形式論理を尊重する法律学の一般的な呼称となった。すなわち、それは、実定法の「論理的完結性」「無欠缺性」及び「不変性」を前提とし、したがって、実定法の「進化性」を認めず、法学の任務を専ら形式論理的な推論に集中する学問とされたのである。かつて、古いプロテスタント神学が、「聖書中心主義」（Biblizismus）に立脚し、すべてのものを聖書の上に基礎づけたように、概念法学も、すべてのものを実定法の上に基礎づけるのである。

　このいわゆる概念法学は、19世紀後半のドイツの経済的変化に際して、新興産業資本に対抗した封建的地主の法律思想を代表している。『パンデクテン教科書』を著し、わが民法学界にもかなりの影響を与えたヴィンドシャイドや、『パンデクテン教科書』『ドイツ帝国およびプロイセン民法』を著し、これも、わが民法学界に影響を与えたデルンブルグらは、この概念法学の代表的人物であった。ドイツの輸入法制であったわが法制の下における法学は、これもまた、輸入法学であって、それが概念法学の影響を強く受けたことは、論ずるまでもない。

　概念法学は、正義その他の理解が困難な抽象的な理念や、歴史的な事実にすぎない慣習を離れて、専ら実定法に注目しながら、三段論法の形式によって法を解釈する。それによって、法が恣意的に内容を変えることを防ごうとしたのである。それは、法の守旧的解釈であり、法を動かないものと見ることを正義と考え、いわば「法内在的正義」の実現を企てたわけである。このような概念法学の企てに対して、カントロヴィッツは、「事件があると、それが実際のものであれ、仮定のものであれ、自己の命ずるところに従い、純論理的作業と自分だけが把握している秘密とを以て、かつて立法者が提示したことを再現する」にすぎないものと述べている。

　しかし、成文法主義をとる以上、成文法を前提とする概念構成を無視して

は、秩序の安定は保たれない。それも、概念法学の立場においては、成文法を具体的な事件に適用する際に、時の権力者の恣意や裁判官の主観が浸透する余地をなくすことができる。それでも、「過ちは、人の常」（Irren ist menschlich）とは、1つの真理であって、実定法の無欠缺性や人の作業における論理的完結性を絶対的なものとして確信することには、行きすぎがある。後に起こり得るすべての問題に対処できるような完全無欠の法典や人の推論は、もとより、実在し得ないからである。実際、人の社会が立法者の理想や予想を遥かに超えて激しく変動することは、しばしば確認されるところなのである。

4.3　自　由　法　学

　自由法学（Freirechtslehre）とは、19世紀末から20世紀初頭にかけて栄え、欧州大戦とともに下火となった自由法運動（Freirechtsbewegung）において主張された法律思想に立脚するものであり、概念法学に対置される学問的立場をいい、また通常、ドイツの自由法論と思想的傾向を示した法律的立場（利益法学、目的法学、判例法学）をも指称する。

　自由法論は、キルヒマンやイェーリング[6]らを嚆矢とし、フランスのジェニイ、ドイツのフックス、カントロヴィッツ、オーストリアのエアリッヒらによって唱えられ、わが国では、牧野英一らが、この立場を継承している。

　自由法論者は、法の解釈を法典に基づいた形式論理の機械的な適用から解放しようとする。この立場は、実定法の現実生活とのギャップの発生を不可避のこととして認める。それゆえ、法律の「淵源」を単に成文法や慣習法等の国家的な法律に限ることなく、国家的な法律でない「自由法」「生きた法」「文化規範」「自然法」等をも法源として認め、法律の解釈に際しても、目的

6　「ローマ法を通して、ローマ法の上に」とか、「目的は、すべての法の創造者である」ということばで有名なイェーリングの主張の要旨は、次の点にある。
　①「生ける」法を法源として認めるべきこと
　②法の欠缺の存在が認められるべきであること
　③論理の物神化を排し、目的論的に再構成すべきであること
　④裁判の法創造機能を認めるべきこと
　⑤法解釈学には、実践的な性格があること

論的な方法を採用する。それゆえ、この立場においては、裁判官の地位も、モンテスキューが述べたような単なる「法律の口」(la bouche de la loi) ではなく、法律を創造する機能をもったものへと高められる。この立場においては、成文法も、それが時代適合性を喪失した悪法であれば、死法あるいは非法であって、具体的な事件に直面して、法に不備が存したりあるいは欠缺が発見されれば、裁判官は、解釈によって新たな法を発見し、正しい法を創造しなければならないとされるのである。

　この立場が、固定的な法典に対して変移する社会へ対応するための息吹を与え、保守的な法に進歩性を与えたことは評価できる。しかしながら、他面では、この立場においては、権力者の恣意的な法解釈及び裁判官の主観的な価値判断が生まれる可能性があり、法解釈学をいわゆる「感情法学」(Gefühlsjurisprudenz) へと堕さしめる危険性を有している。そのような危険性の存在が、法的安定性や法律学の科学性を損なう可能性を意味することはいうまでもない。

4.4　法社会学

　法社会学 (Rechtssoziologie) とは、法現象を社会学的に究明しようとする学問的立場をいう。その萌芽は、既にモンテスキューに見られるが、「自由法論は、法学と社会学との婚姻の媒介者としての役割を務めた」といわれる如く、法社会学誕生の直接的契機は、自由法論にあった。

　伝統的な法学が法を規範の論理的体系とみなして、既存の法規の概念や論理的・観念的に解決を導き出したのに対して、法社会学は、法を単に「あるべき」ものとしてではなく、現実に「行われている」ものとして理解し、現実の生活関係の中から解決を得ようとする。それも、この立場は、法源としての「生ける法」たる慣習法の発見に限定されることなく、立法過程や司法過程の分析などへと研究方向を拡大している。殊にアメリカにおいては、自由放任主義への反省から、ホームズやブランダイスによって「法の社会化」の必要が説かれ、とりわけロスコウ・パウンドは、「社会学的法学」の理論化に成功している。

かつて、カントロヴィッツは、「社会学のない解釈学は、空虚であり、解釈学のない社会学は、盲目である」と述べた。ただ、法学が法社会学の名の下に、ともすれば、「行われている法」だけを重視することは、妥当とはいえない。というのも、「行われている法」だけが法というわけでは決してなく、ほとんどの場合、法規範が先存してこそ、「行われている法」も存在し得るからである。また、現在「行われていない法」も、法規として実定化され、事件等を契機として見直されることによって、容易に「行われている法」へと変性し得るのである。

5 法の適用

5.1 序　　説

　法の適用（Rechtsanwendung）とは、法がその本来の目的を実現するために、その抽象的な意味を具体的に実現する作業をいう。すなわち、法の解釈によって確定されたところのものを、具体的・個別的に生じた社会的事象について、より具体的に「法的な価値判断」を行う作用をいう。この法の適用は、国家の諸機関によって行われるが、それが最も典型的に行われるのは、裁判においてである。

5.2 裁　　判

5.2.1　裁判の意味　　裁判とは、一般的にいえば、法社会（主に国家）の法適用機関（いわゆる司法裁判所に限られず、行政裁判所とか、東京軍法会議等の非常裁判所の例もある）が、具体的な事件に法規を宣明し適用する作用である。

　現代の裁判は、立法機関が制定した抽象的な法規範を具体的な事件において実現するということに鑑みて、「法律による裁判」または「法律の生きた声」であるといわれる。

　この裁判は、単に裁判官の主観的な法規解釈（よりこんにち的な意味では、主観的な法感情または法の発見）に依拠するのではなく、より積極的に法規の目的である客観的な理念としての正義を実現するものでなければならない。それ

ゆえ、裁判は、裁判官による単なる法解釈の技術のみならず、許される限りの正義のための論理の駆使をも要求する。しかし、このことは、飽くまでも、裁判官の主観的な正義または良心の実現を許容するものではない。

5.2.2 法の欠缺　　天主（God）ならぬ人の行為に欠点や誤りが存在することは、不可避のことである。人々がすべての英知を結集して慎重に営んだ行為であったとしても、そこには、欠点・不足が必ず存在する。立法行為も、その例外ではない。実定法に存在するこのような欠点が、「法の欠缺」と呼ばれることについては、既に述べた。

　この法の欠缺には、2つの場合がある。その1つは、一定の事項について、法がまったく「存在しない」場合であり、他は、一定の事項について、法が部分的に「欠けている」場合である。前者は、とりわけ新しい事態に法的に対応すべき場合に確認される。また後者は、関連規定は存在するが、必要な事項が規定されていない場合である。

　これらと性質を異にする「法の欠缺」に、「法政策的意味の法の欠缺」がある。これは、法政策的な面から見て適当な法が存在しない場合である。たとえば、一般の傷害に対する保護立法は存在するが、特別な傷害に対する保護立法が存在しないという場合である。このような場合には、一般の傷害に対する法律で救済し得るが、特別な保護立法を欠くために、十分かつ適当な救済ができないことになる。これは、現行の法と理想の法とのギャップであって、裁判において問題になる法の欠缺とは、通常、このような意味である。

　フランス民法4条には、「裁判官が法律の沈黙、不分明または不十分を口実として裁判を拒むときは、裁判拒否の罪として訴追せられることがある」と規定して、裁判の拒否を回避しようとしている。わが国には、民事に関して、明治8年の太政官布告103号裁判事務心得3条が存するが、民事裁判を開始しても、法政策的意味以外で法が欠けているにもかかわらず、当然の如く、裁判官が常に抽象的法規範を想定して判決を下し得るかは、疑問である。自由主義的要請は、権力分立制（憲法41条、65条、76条）を要求し、あくまでも、原則として国会による立法と「法律による裁判」を鉄則としている。と

すれば、法が存在しない場合には、原告は、法律上の根拠を欠くことになる。このような場合、刑事においては、犯罪は、当然に不成立となり、民事においても、原告は、原則として敗訴する。これは、原告側にとっては、希望する法がないために、法に従って請求が棄却され、希望する裁判結果を得られないということにすぎない。このような解釈の結果も、法に則ったものであり、法が存在しないにもかかわらず、導き出されたわけではない。それゆえ、「法の欠缺を理由として裁判を拒絶することを得ない」ということが、一般的にいわれ得るとしても、このことばは、法政策的に意味を有するにすぎず、純法理論的には、大して意味がない。

5.2.3　法による裁判　「法による裁判」とは、裁判規範としての法規範に則って行われる裁判のことをいう。法による裁判の典型的な事例は、刑事面では、罪刑法定主義の原則として現れている。たとえば、大日本帝国憲法23条、57条1項を受けて旧刑法2条は、「法律ニ正条ナキ者ハ何等ノ所為ト雖モ之ヲ罰スルコトヲ得ス」と規定している。さらに、日本国憲法も、その31条、39条、41条、73条6号から、罪刑法定主義をその内容としている。

「法律による裁判」という場合、「法律による」という意義については、いくつかの解釈が存する。第一に、この場合における「法律」を「形式的な意味における法律」と解する説がある。したがって、この説においては、命令によっては、いかなる裁判も否定されることになる。第二に、右の場合の「法律」を「実質的な意味の法律」と解する説が存在する。すなわち、裁判を一般的・抽象的な法規範あるいは法規のみに従うものとし、他の権力による掣肘を受けることのないことを意味するというのである。この説明の仕方の是非はともかく、一般には、この説は、「司法権の独立」という主張と一体をなしているものと解される。第三に、「法律による」ということをもって、「立法権の優位」を表現するにすぎないものとする説がある。すなわち、「法律による裁判」とは、立法権の行為の結果である法律の下で行われる裁判を意味するというのである。これを憲法について見てみると、憲法31条は、第一説の根拠をなすものであり、同76条3項は、第二説の根拠をなす

ものである。そして、国会は国権の最高機関と定める憲法41条は、第三説の根拠をなすものということができる。

5.2.4 法秩序の完全性　「法秩序の完全性」とは、法秩序の自己充足性の別言にほかならない。概念法学的な立場が、実定法の完全性を認めていることは、既述した通りであるが、自然法学者もまた、実定法の欠点を認識する一方で、自然法に実定法を補充する性格を認めることによって、法秩序の完全性を認めている。いずれにせよ、法の欠缺を法政策的意義における法の欠缺という意味よりも広くとらえ、なおかつ、「法による裁判」の原則ならびに「裁判を拒否し得ない原則」を認める者にとっては、裁判の基準としての法規範の先在性を容認せざるを得ず、したがってまた、法秩序の完全性を認める必要が、不可欠に存在する。

5.3　事実問題と法律問題

5.3.1 序　法の適用に際して重要なものに、「事実問題」(Tatfrage) と「法律問題」(Rechtsfrage) とがある。すなわち、訴訟事件において、前者がその事実関係についての側面であるのに対して、後者はその法律関係についての側面である。

　民事訴訟においては、事実の認定が、第2審までの専権であるのに対して（民訴403条）、刑事訴訟においては、上告審が、法律問題の一部である憲法問題と判例違反とを審査することから（刑訴405条）、両者を区別することの実益が減少している。また、ここで留意されるべきことは、事実の認定について、行政機関の認定が、ある程度裁判所を拘束する場合があることである（独占禁止法80条、81条、電波法99条等）。

5.3.2 事実の確定　事実の確定とは、法規を具体的な事件に適用するに先立って、具体的な事実の存否をはっきりと定めることである。たとえば、債務不履行に基づく損害賠償訴訟事件においては、まず、ある者に対して、債務の不履行があること、及び、そのために損害が生じたことという事実が

確定されなければならない。このような事実の確定は、必ず証拠に基づいてなされなければならない（民訴247条、刑訴317条）。

　事実の存否は、原則として、その存在を主張する者が立証しなければならない。しかし、時には、立証が困難であるばかりでなく、不可能である場合もある。このような場合に備えて、法は、公益上その他の理由から、一定の事実の存否を推定または擬制することがある。

　①推定　　推定とは、不明確な事実の存否について、周囲の事情や事物の道理から考えて、一応の結果を定め、それに法律効果を生じさせることをいう。法文に、「推定する」という字句を用いている場合がそうである（民法32条の2、186条、188条等）。もとより、この場合、反対の事実を主張しようと思う者は、それとは反対の証拠を挙げることによって、この推定を覆すことができる。

　②擬制　　擬制とは、事実の存否について、法が政策的に確定することである。擬制は、たとえ政策的なものであるにせよ、「確定」であるから、たとえ、それが事実に反する擬制であっても、真実の証拠によってこれを覆すことはできない。法文に「みなす」という字句が用いられている場合は（民法31条、刑法245条等）、原則としてこれに属する（ただし手形法16条については、「みなす」規定であるにもかかわらず、推定と解釈されている）。

5.3.3　法律問題　　法律問題ということばは、広義には、政治問題、経済問題と併記されるが、もとよりここにいう法律問題とは、これらの問題と併記される性格のものではなく、前述の事実問題に対する概念である。

　事実問題が確定すると、次に、法律問題を解決しなければならないが、その場合に、まず「法の検索」が問題となる。この法の検索とは、外見上法とされているものについて、それが実際に法としての効力をもっているかどうかを吟味することである。法が有効であるためには、

　①それが適法に成立し、かつ、効力を生じていること

　②その法の効力を消滅させるような原因が存在しないこと

が必要とされる。また法の検索に際して、法の内容が理解されるべきこと

（すなわち法の解釈）は、いうまでもない。

5.4 法の準用

5.4.1 序　法の適用とは、法を大前提とし、具体的な事実を小前提とし、3段論法によって具体的な法律効果を断定する一連の作業をいう。

　この法の適用と類似するものに「準用」というものがある。準用というのは、立法の便宜上、規定の重複煩瑣を回避する技術的必要から行う方法であって、実質的には、各場合についていちいち規定されているのと同様である。適用が、たとえば、甲という法規を甲が想定した事実に当てはめるのに対して、準用とは、甲という法規を甲と本質の異なる乙という法規に関連して、甲を適用するのと同じ方法で、必要がある場合には、修正をしながら、当てはめることをいう（民法19条2項、37条3項、99条2項等）。

　この準用は、確かに立法上の煩雑さを解消するが、他面では、法律の検索を複雑にし、また修正の要否について、解釈を紛糾させる欠点をもっている。

5.4.2 拡張解釈・類推・準用　拡張解釈と類推と準用とは、それぞれ類似しているように思えるが、それらは、厳密には相違している。

　拡張解釈とは、飽くまでも法規の検索に際してなされる法意を明らかにする作業で、法規の字句を法規の目的に適合させるために、法規の範囲内で単に法意を拡張して理解する作業にすぎない。

　これに対して、類推とは、法規が存在しない場合に、ある法規の意味をその法規以外の事項に拡大することである。この類推と準用とは、類推が、一定の法規から法規外のことを判断するのに対して、準用は、一定の法規の事項を他の法規の事項に応用するという点で相違している。

　拡張解釈が、法の解釈であり、準用が、一種の法規の適用であるのに対して、類推は、法規そのものの解釈でもなければ、適用でもなく、裁判の要請に基づく法政策的な法判断の作用である。

第8章

法律関係

1　人々の生活と法律関係

　人々の生活は、個人としても集団としても、非常に多様な側面を有しているが、政治的側面であれ、経済的側面であれ、あるいはその他の側面であれ、そのいずれもが、なんらかのかたちで法と不可分に結びついている。しかし、そのことは、人々の生活関係を常に法的にとらえることができることを意味しない。また人々の生活と法律との複雑な関係を一言で表現することは、不可能である。

　人々の生活の法的な側面に注目すれば、そこには、概ね権利と義務の関係を見出すことができるが、その関係が、常に権利と義務の関係に置換できるとは限らない。たとえば、法を憲法に限定して、その社会権的側面に注目した場合、国家と国民との関係は、必ずしも権利と義務との関係にはなく、そこに存するのは、国家のプログラム、すなわち、国家が国民のために計画することであって、頗る政治的な関係である。

2　権利及び義務の概念

2.1　序　　説

　かつて、ライプニッツは、法学は、権利の学であると述べたが、実際、法と権利とは、非常に密接である。ドイツ語で、"Recht"という場合、これが、法を意味するのか、権利を意味するのかは、必ずしも明らかでない。一

体、法（Recht）は、これを主観的に見れば、権利（subjektives Recht）にほかならず、権利（Recht）は、これを客観的に見れば、法（objektives Recht）にほかならない。

　歴史的には、法は、義務本位から出発し、近代における個人主義の台頭とともに、権利本位の時代が到来した。しかしその後、権利が人の利己心と強く結びついたことから、権利本位の法思想には、漸次、反省も生まれている。

　わが国においても、たとえば、日本国憲法12条は、国民の自由及び権利について不断の努力によって保持する義務、濫用禁止の義務及び公共の福祉のために常用する義務を課し、民法も、かつては「所有権絶対の原則」に立脚していたが、こんにちでは、私権を公共の福祉に遵わせ、権利の行使を信義則によって支配させ、権利の濫用を禁じられている（民法1条）。このことは、権利がそれだけでは存在し得なくなっていることの例である。

2.2　権利の概念

2.2.1　序　　実定法上、多様に用いられている権利の概念については、これを短いことばで完全に述べることは、不可能に近い。実際、この権利の概念の不可解さが、その本質に関して、古来、非常に多くの学説を生み出している。そのうち主なものについてのみ、例挙しておく。

2.2.2　意思説　　意思説は、権利の本質をもって「意思の自由」（Willensfreiheit）または「意思の力」（Willensmacht）あるいは「意思の支配」（Willensherrschaft）となす説である。この説は、権利の動的状態（すなわち、権利主体の権利行使としての意思の自由）にのみ注目し、権利の静的状態（すなわち、権利の享有）については看過している。それゆえ、この説においては、幼児や心神喪失者のような意思無能力者については、権利がまったく生じないことになる。実際には、わが民法3条は、「私権の享有は、出生に始まる」として、意思無能力者にも、権利享有能力を認めている。この学説は、このような意思無能力者の権利については、説明し得ない。

2.2.3 利益説　　利益説は、権利の本質をもって、「法律上保護された利益」あるいは「法律によって個人に帰属する生活財貨（Lebensgüter）」であるとなす説である。この利益説は、もともと意思説に対抗するために現れたものであり、意思無能力者が権利の主体となり得るようにはじめて配慮をした学説でもあった。それゆえ、この説においては、意思説の欠点は、是正されている。しかし、この説においては、権利の主体は、受益者ということになるが、受益者としての地位は、いわゆる法律の「反射作用」（Reflexwirkung）によっても可能である。たとえば、保護関税の法規の下における国内生産業者や文化財保護法による特別名勝の指定に伴って地元民が享ける利益等が、そうである。これらの者が享ける利益をもって、その者たちを権利の主体ということはできないのである。これらの者は、飽くまでも、法の反射的利益を享受するにすぎないのである（東京地判昭和30年10月14日）。この利益説に対しては、権利は、利益を目的としているが、利益そのものではなく、むしろ利益を産む源となるものであるという立場から、この説は、権利の目的と権利の本質とを混同しているという批判がある。

2.2.4 折衷説　　折衷説とか、利益意思説といわれる説は、その名称が示しているように、意思説と利益説とを折衷した説であり、権利の本質をもって、「利益保護のために法律が認めた意思の力」あるいは「意思の力の承認によって保護される財貨または利益」であると説く。この折衷説は、その学説の性質上、当然に「意思説」と「利益説」の長所と短所の双方を部分的に内有することになる。

2.2.5 法力説　　法力説は、権利の本質をもって、「人間的な利益を充足するために与えられた力」であると説く。

2.2.6 権利の意味　　権利の本質が確定されていない以上、権利の定義を的確に行うことは、困難であるが、普通に感得される法律上の権利の概念は次の通りである。

①法上の観念　法が先に存在し、その法によって認められたものの１つとして、権利が存する。歴史的にも、法の歴史が古いのに対して、権利の歴史が比較的に新しいことが、右のことをある程度裏づけている。

　②法上の力　権利は法的に一定の行態が権威づけられている。それは、権利に対する侵害の除去が、法によって保障されていることを意味し、権利者自身がもつ「実力」とは、明らかに異なる。いわば、法的な「能力」とか、法的な「地位」とか、法的な「支配」とか、法的な「力の範囲」といったものと同義である。

　③利益　ここで利益とは、まず「生活利益」をいう。生活利益とは、人間が社会生活を営む上で、その生存を保持し、さらには、発展させるところの財貨、その他の利益をいう。次に、ここで認められている利益とは、国家社会生活上において客観的に認められる利益であるが、それは、個々人のために認められるものである。この個々人のために法的に保障された利益という意味では、それは、主観的な利益といえる。このような利益は、専門的には、「法益」ということばで表現される。

2.3　義務の概念

2.3.1　序　義務（Pflicht）とは、一定の行態をとるように課された法的な拘束をいう。この義務については、権利の場合におけると同様、その本質については、学説の対立がある。

2.3.2　意思説　この学説は、義務の本質をもって、法規によって定められた「意思の拘束」とする説である。この説については、権利の本質をもって意思と説いた学説に対するのと同様の批判が存在する。

2.3.3　強制説　この学説は、義務の本質をもって、「法律上の強制」または「法律上の責任」と解する。しかし、「義務」と「責任」（Haftung）とは、区別されなければならない。責任とは、義務そのものではなく、義務違反によって、一定の制裁（たとえば、損害賠償）を受け得る基礎のことである。通

常は、義務には、責任が伴っているが、いわゆる自然債務（obligatio naturalis)[1]におけるように、債務が存在するにもかかわらず、債権者には、訴権がないというような場合がある。もっとも、民法109条、412条、446条、709条、714条においては、義務と責任とが同一の意味で用いられている。

2.4　権利と義務との関係

権利と義務との関係については、これを絶対的対立関係にあるとする説と、相対的対立関係にあるとする説と、両者を互いに無関係であるとする説とがある。

実定法上は、権利と義務とは、大体において相対立している。しかし、これは、決して絶対的なものではない。たとえば、絶対的な性格の権利については、一般的な不作為義務は、表面に現れていないが、その侵害に対しては、侵害の停止や侵害に対する損害賠償が認められることから、権利に対応する義務が存する。次に、相対的な性格の権利については、一般的な不作為義務のほかに、権利それ自体の内容として、権利と対応する具体的な義務が存在し、それも、概ね明認されている。

なお、一般的な不作為義務違反としては、「不法行為」（民法709条）が、具体的な義務違反としては、「債務不履行」（民法415条以下）がある。しかしながら、義務だけが存在し、権利が存在しない場合や、権利だけが存在し、義務が存在しない場合もある。たとえば、前者の例としては、登記義務をもつ未成年者（商法5条）や協会の放送を受信することのできる受信設備を設置した者の受信契約義務（放送法64条）が、後者の例としては、（権利者の一方的意思表示によって一定の法律関係を発生させる取消権とか、追認権とか、解除権とか、認知権といった類の）形成権がある。

1　ローマ法以来認められている訴権なき債務または強制履行請求権なき債務のことである。わが国でも、たとえば、時効にかかった債務とか、公序良俗違反の行為に伴う債務とか、徳義上の約束や裁判上の問題としないという約束に基づく、いわば特約つきの債務等について、これを認めるとする考え方がある。

3 権利及び義務の分類

3.1 公権の分類

3.1.1 序　　権利や義務は、実際には、非常に多種多様である。それゆえ、その分類に際しても、何をもって基準とするかによって、説明の仕方が様々に異なってくる。この権利や義務について述べる場合に注意を要することは、権利としての名称をもっていても、その本質が必ずしも権利ではない場合があることである。

3.1.2 国内法上の公権　　国内法上の公権とは、国内における公法上の権利を意味する。この権利には、国家的公権と個人的公権とがある。

　①国家的公権　　国家的公権とは、国家または公共団体が存立し、かつ、機能するために有する権利である。立法に関連した権利、司法に関連した権利、行政に関連した権利が、そうであり、より具体的には、立法権、課税権、組織権、刑罰権、公企業権等を挙げることができる。これらの権利の本質は、権利というよりも、国家という法人のために行使される権限である。

　②個人的公権　　個人的公権とは、個人または団体が国または公共団体に対して有する権利である。この種の権利には、日本国憲法の規定するものとして、個人または団体の行動に対する国または公共団体の干渉を排除できる権利としての自由権、国または公共団体に対して、特定の行態を要求する権利である受益権（国務要求権）、受益権に類似するが、プログラム的性格のものであって、権利としての性格をもたない社会権、個人が国または公共団体の機関として、その公務に参与する権利ないし資格としての参政権がある（憲法第2編3章2基本権の保障参照）。

3.1.3 国際法上の公権　　国際法上の公権とは、国際法上、原則として、国家が有する権利をいう。ここで「原則として」と述べたのは、国際法上の主体が国家に限られないからである。ただ以降においては、国際法上、国家

が有する権利についてのみ説明する。

①独立権　独立権とは、国家が、国際法上の制約の範囲で、外国の干渉を受けることなく、自由に行動する権能をいう。国家が国際法上受ける制約は、通説の立場によれば、国家に対する他律的な制約では決してなく、国家が任意に認めた自主的な自己制限である。しかし、通説によれば、たとえば、外国に対する侵略行為について、国際法上の法的な制裁を拒否することができることになってしまう。

②平等権　平等権とは、国際法上、国家が対等に権利・義務を有し得る地位・資格をいう。この平等権は、相互尊重権とも呼ばれ、それは、国際会議や国家相互間の交渉における対等を意味するが、現実には、国家が互いに平等であるとは限らない。もし、国家が相互に対等であるとすれば、そのような国家の対等を定める国家に上位する法が想定されなければならない。

③自衛権　自衛権とは、国際法が禁止しない範囲で、国家がその生存を保全する権利をいう。この権利の行使である自衛行為は、具体的には、正当防衛または緊急避難として行われるが、たとえば、自衛権の行使を急迫不正な侵害を要件とする場合、武器の発達によって国家の存立の危険あるいは多大な国民の損害が予想されるから、国家の自衛権は、個人の正当防衛と同列で扱われるべきではない。この自衛権には、集団的自衛権と個別的自衛権があるが（国連憲章51条）、わが政府によれば、わが国は、国際法上、集団的自衛権を有するものの、日本国憲法上、その行使は禁じられている。

④交通権　交通権とは、国家が他のあらゆる国家と外交関係を維持できる権利をいう。この権利が行使された場合、相手国は、原則として、正当な理由がなければ、これを拒否できない。しかし、現実には、相互主義が行われる場合が多い。この権利には、具体的には、外交上・通商上の交通権、郵便・電信・鉄道等による交通権、国家の機関が外国を旅行し、外国に居住する権利等がある。

3.2　私権の分類

3.2.1　序

私権は、公権に比較して、非常に多様であり、種々の標準に

よって、いろいろに分類することができる。その説くところは、論者によって異なるが、以降には、一般に説明される主な分類方法によって述べる。

3.2.2 権利の目的による分類

①人格権　人格権とは、権利者自身が、その人格的利益を享有できる権利である。人格権は、その性質上、権利者の人格と不可分のものであり、したがって、譲渡や放棄は、認められない。生命に対する権利、身体に関する権利、自由権、名誉権、氏名権、肖像権等である。

②身分権　身分権は、さらにこれを「親族権」と「相続権」とに細分することができる。そのうちまず、親族権とは、家族関係における親族という一定の身分をもつことによって発生する法律上の地位に伴う権利である。親権とか、扶養を受ける権利をいう。次に、相続権とは、死者の財産上の権利・義務を継承する権利をいい、相続人としての身分に基づいて成立する権利である。相続権には、より具体的には、一定の身分をもつ者が、「相続人となり得る権利」と相続人が「相続人として相続財産を相続する権利」とがある。

③財産権　財産権は、これを「物権」と「債権」と「無体財産権」とに細分することができる。このうちまず「物権」とは、特定の物を支配して利益を受けることを内容とする権利である。民法上は、占有権、所有権、地上権、地役権、永小作権、留置権、先取特権、質権、抵当権が物権とされ、鉱業権とか、漁業権等は、特別法上の物権である。次に「債権」とは、特定人（債権者）が特定人（債務者）に対して特定の行為、不行為または受忍を要求できる権利をいう。物権が物の上の直接の支配を内容とするのに対して、債権は人の行為を内容とする。それゆえ、債権が、物を対象とする場合にも、これに対して、間接の力を及ぼすに留まる。同一物に対して物権と債権とが成立する場合には、原則として物権は、債権に優先する。

最後に「無体財産権」とは、無体的利益の独占的排他的支配を目的とする財産権を意味する。特許権、意匠権、実用新案権、商標権、著作権等が、これに属する。

④社員権　「社員権」とは、社団法人を構成する社員がその社員としての地位に基づき、その法人に対してもつ一個の包括的権利をいう（この社員権については、その本質が、法的な地位であるため、論者によっては、この社員権を権利の範疇に入れない者もいる）。

社員権は、これを「共益権」と「自益権」とに大別することができる。そのうち「共益権」とは、法人がそれ自身の目的を達成するために与えられる権利をいう。議決権（あるいは表決権）とか、少数社員権といわれるものが、それである。これに対して、「自益権」とは、社員自身に対して、その目的を達成させるために与えられる権利をいう。利益配当請求権とか、残余財産の分配請求権とかが、それである。

3.2.3　権利の作用による分類

①支配権　支配権とは、一定の客体（物、人、知能的産物、権利等）について直接的な支配力を及ぼし、また、他人の干渉を排除することができるという意味で、支配的作用を本質とする権利である。物権とか、無体財産権とか、親族権の大部分が、これに属する。

②請求権　請求権とは、一定の人に対して行為、不行為もしくは受忍を要求することができる権利をいう。この請求権は、物権的請求権と債権的請求権とに細分できる。そのうち前者は、不特定多数人に対するものであり、後者は、特定人に対するものである。

3.2.4　権利の発生による分類

①原権　原権とは、他人による侵害の有無に関係なく、法律上当然に存在する権利のことをいい、第一権とも呼ばれる。

②救済権　救済権とは、原権の侵害によってはじめて発生する権利のことであり、第二権とも呼ばれる。たとえば、所有権の侵害に対して、損害賠償請求権が発生した場合、前者は原権、後者は救済権と呼ばれる。

3.2.5　権利の独立性による分類
　①主たる権利　　主たる権利とは、他の権利に付随することなく、独立に存在する権利をいう。
　②従たる権利　　従たる権利とは、主たる権利に付随して存在する権利をいう。たとえば、地役権は、要役地の所有権に従たる権利であり、留置権、先取特権、質権、抵当権等は、担保された債権に従たる権利である。

3.2.6　権利の経済的価値による分類
　①財産権　　財産権とは、経済的利益を目的とする権利である。
　②非財産権　　非財産権とは、その内容として経済的価値をもたず、それゆえ、金銭的に評価することができない権利をいう。権利者の身分や人格から発生する権利等が、そうである。

3.2.7　権利の移転性による分類
　①移転性のある権利　　移転性のある権利とは、権利者が任意に譲渡したり相続したりすることができる権利をいい、財産権のほとんどが、これに属する。
　②移転性のない権利　　移転性のない権利とは、権利者の一身に専属し、譲渡や相続になじまない権利をいい、「一身専属権」とも呼ばれる。ただし、民法423条にいう「一身に専属する権利」とは、権利の行使が債務者にとって一身的なものであることを意味し、ここにいう一身専属権とは異なる。

3.3　義務の分類

　義務についても、分類の方法は、その標準によって区々である。この義務については、その態様に注目して、積極的義務（作為義務）と消極的義務（不作為義務）とに分類することができる。たとえば、前者の例としては、公務員の不法行為に対する国または公共団体の損害賠償義務とか（憲法17条、国家賠償法1条）、売り主の義務（民法555条）等があり、後者の例としては、飲酒運転（道路交通法65条）とか、麻薬の製剤・所持・売買（麻薬取締法12条1

項）等に関連した義務がある。

　また、義務は、権利の分類に相応して、これを公義務と私義務に分類することができる。

　公義務とは、公法上の義務をいい、この義務は、①国際法上の公義務と②国内法上の公義務に細分できる。そのうち、国際法上の公義務とは、国際法上の主体に対して、国際法が課している義務をいう。これに対して、国内法上の公義務とは、国内法上の主体に課された義務をいい、これは、(a) 国家的公義務と (b) 個人的公義務に細分できる。

　ここで、「国家的公義務」とは、国家または公共団体が国民に対して負うところの義務をいう。これに対して、「個人的公義務」とは、国民が国家または公共団体に対して負う義務をいう。この個人的公義務には、(ⅰ) 憲法上の義務と (ⅱ) 法令上の義務がある。

　私義務とは、私法上の義務をいい、私法上の権利に対応するものである。私法は、従来の私権を強く保障する法制に修正を加え、民法1条は、私権を公共の福祉に従わせ（1項）、権利の行使及び義務の履行を信義誠実に基づかせ（2項）、そして権利の濫用を禁止している（3項）。

4　権利及び義務の主体と客体

4.1　権利及び義務の主体

　法律が人の社会生活における行為規範である以上、法律関係の中心には、常に人がいる。人を抜きにした法律関係などあり得ないのである。といっても、ここにおける人とは、法律的な意味における人であり、法律が人として法律上の人格（Rechtspersönlichkeit）を認めたものである。したがって「自然人」と「法人」とが権利及び義務の主体となり得るのである。

　そのうち、自然人とは、有機的な肉体をもって自然的生活を営んでいる人間、つまり、生物学上の人類のことである。自然人は、出生から死亡するまで人格すなわち権利能力をもつ。なお、公法上の権利及び義務については、年齢や国籍等によって差別があり（たとえば、選挙権、公務員になる権利）、私法

上の権利及び義務についても、国策上、外国人に対して差別が設けられる場合がある。たとえば、外国人に対しては、鉱業権が認められないようにである（鉱業法17条）。

次に、法人については、その本体が何であるかについて、学説は分かれている。その代表的なものは、①法人擬制説、②法人実在説があり、その他に③法人否認説も存する。

このうち法人擬制説とは、法人の本体をして、自然人に擬制されたものと主張する学説をいう。この説は、自然人に重きを置き、法律関係を個人中心に構成しようとするところに特色をもつ。団体に対して抑圧的な政策がとられた近世においては支持されたが、こんにち、この学説は、かつての勢いを失っている。これに対して、法人実在説とは、法人の本体をして、一個の社会的な実在として主張する学説をいう。この学説は、さらに、(a) 法人の本体を社会的有機体として意志を有するものと主張する学説（有機体説）、(b) 法律上の組織体として法律的に構成される意志をもつとする学説（組織体説）、に細分される。

4.2　権利及び義務の客体

権利及び義務の客体とは、法律関係における権利及び義務の対象をいう。権利及び義務の客体は、民法上の物だけに限られず、エネルギー、思想内容、権利そのものなど種々のものをも含む。近代法は、原則として、人については、権利の客体としての地位を認めない。人を客体としている人格権の如きは、稀なる例外である。

5　権利及び義務の変動

5.1　序　　説

権利及び義務の変動とは、より具体的には、権利及び義務の発生、変更、消滅をいう。すなわち、権利及び義務の得喪変更のことである。

5.2　権利の発生

権利の発生（または取得）とは、権利または義務が新しい主体と結びつくことをいう。この権利の発生または取得には次の場合がある。

5.2.1　原始的取得（絶対的発生）　既存の他人の権利または義務に基づくことなく、まったく新しい権利を取得することをいう。無主物の取得（民法239条）、遺失物の拾得（民法240条）、時効による取得（民法162条、163条）等が、そうである。

5.2.2　承継的取得（相対的発生）　既存の他人の権利に基づいて行われる権利の取得をいう。旧権利者は、前主と呼ばれ、新権利者は、後主または承継人と呼ばれる。この承継的取得においては、「何人といえども、自己の有する以上の権利を他人に移すことを得ず」（Nemo plus juris in alium transferre potest quam ipse habet）というローマ法以来の原則が、依然として成り立つ。この承継的取得は、前主の権利または義務をそのまま承継するか、その一部分を異なった権利または義務として取得するかによって、（a）移転的取得と（b）設定的（または創設的）取得に細分される。所有権の譲渡や債権の譲渡は、前者に属し、他人の土地に、地上権や抵当権等の設定を受ける場合は、後者に属する。この移転的取得については、前主の権利を一括して承継するか、個別的に承継するかによって、（ⅰ）包括的承継と（ⅱ）特定承継に区分できる。前者の例としては、相続や包括遺贈等があり、後者の例としては、売買や贈与等のように、個々の原因により特定の権利が移転する場合がある。すなわち、後者は、通常の権利及び義務の譲渡の場合である。

5.3　権利及び義務の変更

権利及び義務の変更とは、権利及び義務が同一性を失うことなく、その態様（主体、内容及び作用）を変えることである。

中でも「主体の変更」は、既に見た如く、発生（または取得）の問題である

から、ここにいう「変更」とは、権利及び義務の内容及び作用の変更を意味する。債権の存続期間が延長または短縮された場合、債務の一部弁済によって目的が減少した場合、無利息債権が、利息附債権になった場合等は、内容の変更の例に属し、不動産物権が登記によって対抗力を備えた場合等は、作用の変更に属する。

5.4 権利及び義務の消滅

　権利及び義務の消滅（または喪失）とは、権利や義務がその主体から分離することをいう。権利及び義務の消滅については、①絶対的に消滅する場合と②相対的に消滅する場合が考えられる。絶対的消滅の事例としては、権利の客体である物の消滅によって、その物についての権利が消滅したり、完全な弁済を受けることによって債権自体が存在しなくなるような場合を想起することができる。また、相対的消滅の事例としては、普通になされる物や権利の譲渡を挙げることができる。これらは、譲渡行為によって、譲渡人の物や権利は消滅するが、それは、譲受人の手中において存続しているから、いわゆる権利や義務の絶対的な消滅とは区別されるのである。

第2部

憲　　　法

第1編
憲法の基本原理

第 1 章

憲法の概念

1 憲法ということば

　歴史的に、わが国や漢字の母国古代の中国では、憲法ということばは、古くから用いられていた。古代中国の「管子」(紀元前770-紀元前403) には既にその用例が確認され、わが国でも、7世紀には聖徳太子によるいわゆる「十七条憲法」という用例が確認される。しかし、これから扱う憲法学及び政治学が研究の対象とする「憲法」は、それらとは本質的に異なる。これから扱う「憲法」とは、飽くまでも、外国語の"Constitution"あるいは"Verfassung"の訳語として生まれたものであって、国家のことを定めた基本法に限定して用いられるからである。

2 憲法学の対象としての「憲法」

　ここで研究の対象とする憲法とは、アメリカ合衆国の建国にあたり「国家構造」を定めた際、"Constitution"という名称を用いたことに始まる。そこには、国民の権利に関連して定められた条項は、ほとんどなく、あくまでも国家の行動を規制した政治規範にすぎなかったが、「アメリカ合衆国憲法」では、国家構造をきちんと仕組めば、国民の権益が侵害される可能性もなくなるという認識から、具体的な基本権の目録規定が、設けられなかったのである。したがって、それは、文字通り、国家の「constitution」、すなわち「基本的な骨組み、構造、基構、体制」を定めた政治的宣言であった。しか

し、アメリカ合衆国では、そのような国家構造を定めた文書を定めてまもなく、1791年、増補修正によって、国民の権利を定めた規定（「権利の章典」）が付された。国家構造を良く仕組んでも、運用を誤れば、国民は、国政の犠牲にされ得ること認識し、国家がその行動に際して侵してはならない範囲を、国民の「権利」として宣明したのである。

　こうして、"Constitution"が、「権利」を内容とする法的な意味をもつものとなった。このように国家の構造と権利の章典を内容としたいわば"Constitutional Law"の体裁を整えた最初の法典は、オランダから独立した1831年のベルギー憲法であり、後世の各国憲法の模範的な規定の仕方をしたものである。それでもその際、その法典には、"Constitution"という名称が、付されている。

　わが国で"Constitution"ということばについては、「政体」「政体書」「国憲」等いろいろな訳語が試みられたが、こんにち的な意味の「憲法」ということばは、明治6年、箕作麟祥による訳語として用いられたものを端緒とし、明治9年の元老院議長熾仁親王に対する国憲草案起草の勅命が下されて以来、その政治的公的地位を確固たるものとした。そして明治22年には、「大日本帝国憲法」として、国法規範を構成するものとして使用された。現在、わが国で、「憲法」は、国家基構とともに、国民の権利や義務を内容としているものと理解されている。「憲法」という日本語も、法的政治的概念として熟しており、最早、その名称は、国家の基本法としての内容を示しているものとして一般的に受け入れられ、定着しているといえる。

3　憲法の意義

　およそ、すべてのことばの定義は、容易なようで、必ずしも容易ではない。たとえば、「学生とは何か」という問題は、一見容易に答え得るようであるが、意外に難解である。学校教育法上の「学生」がすべて大学生として相応しい素養があるとは限らず、また反対に、法上の「生徒」たる中学生や高校生の中には、アルバイトやサークル活動のみに専念し、学業を実質的に放棄

している「学生」に比べ、優れた能力を有する者もある。ここには、「かたち」（形式）と「中身」（実質）の問題が存在し、両者は必ずしも一致しないのである。

3.1　実質的意味の憲法と形式的意味の憲法

　法の一般理論第4章2.2「憲法」（27頁）参照。

3.2　固有の意味の憲法と近代的意味の憲法（及び現代的意味の憲法）

　法の一般理論第4章2.2「憲法」（29頁）参照。

　わが大日本帝国憲法は、天皇に権力を集中させた体裁（4条）をとったが、実際には、天皇には、国政に対する拒否権がなく、立法権は、帝国議会（5条、37条）、行政権は、各国務大臣（55条）（実際には、内閣）、そして、司法権は、裁判所（57条）がこれを行使し、権利の宣言（第2章）、司法権の独立（57条）、国民の参政（35条）の制度が存在し、天皇は、これらを定めた憲法条規に従わなければならなかった（4条）。それゆえ、実質的には、権力は集中されておらず、基本権の保障もなされており、したがって、わが戦前の国家は立憲国家といえた。

4　憲法の制定主体による分類

4.1　欽　定　憲　法

　君主主権の思想に基づき、君主が自ら定めた憲法のことをいう。この憲法は、専制君主制から立憲君主制への過渡期にかけて多く確認される。

　この憲法の場合、形式的には欽定であっても、その実、後述する協約憲法的な性質をもつものが多い。たとえば、1814年のフランス憲法は、欽定憲法の最初の事例とされるが、実際には、君主が、元老院の要求に応じたものにほかならなかった。その意味では、枢密院に諮詢しただけのわが大日本帝国憲法は、欽定憲法の典型といえる。しかし、この大日本帝国憲法もまた、その実、明治初期以来の自由民権運動の要請に応じたものにほかならない。

なお、日本国憲法が大日本帝国憲法を改正したものである以上、日本国憲法もまた欽定憲法であるとする説もある。

4.2 民定憲法

国民主権主義の思想に基づき、民意によって制定された憲法をいう。この憲法は、具体的には、国民の代表者によって、あるいは、国民代表と国民投票とによって制定される。

この民定憲法においては、多くの場合、共和制が採用されるが、1831年のベルギー憲法のように君主制が採用されることもある。

日本国憲法は日本国民によって確定されたことを宣言しているが（前文1段）、日本国憲法の制定過程に国民議会が存在した事実はない。日本国憲法が民定憲法であるということは、その前文1段の文言に注目した事後的な解釈論にすぎないのである。

4.3 協約憲法

君主主権主義思想と国民主権主義思想との妥協の産物、君主と国民（の代表）の合意として成立した憲法をいう。1816年のザクセン・ワイマール・アイゼナッハ大公国の憲法は、憲法を「君主と臣民の契約」(Vertrag zwischen Fürst und Untertan) として性格づけ、それが、協約憲法であることを明示している。

この協約憲法には、君主主導型（1830年のフランス憲法）のものと国民主導型（1850年のプロシア憲法）のものとがある。大日本帝国憲法を協約憲法と説く者もいるが、この立場からは、その憲法は、前者に属することになる。また、日本国憲法についても、その上諭等に注目し、これを協約憲法とする説が、確認される。

協約憲法に広く君主とその他のものの協約による憲法をも含めれば、君主と封建的貴族との妥協の産物である1819年のヴュルテンベルグ憲法や1831年のザクセン憲法等も、この部類の憲法に属することになる。

わが日本国憲法については、故田上穣治法博のように、自由な国民の意志

によって制定したとみることは事実に反するという理由から、「わが政府が占領軍の承認のもとに制定した一種の協約憲法である」と説く新しい「協約憲法」論も現れている。この新しい協約憲法概念は、伝統的な協約憲法概念とは、まったく異なり、憲法制定に際して、異質の政治的権力の主体間における「協約」の存在の有無を協約憲法であるか否かの標識としている。このような新しい協約憲法概念を認める場合、日本国憲法の説明としては、この日本国憲法協約説は、史実に忠実に従った見解として、正解である。

4.4　条約憲法

条約憲法（国約憲法、国定憲法）とは、数個の国家間においてそれらの意志の合致としてできた憲法をいう。多数の国が連邦を結成するときに制定される憲法が、それであり、13の州（国）によって制定されたアメリカ合衆国憲法や北ドイツ連邦と南ドイツ連邦諸国によって約定された1871年のドイツ帝国憲法等は、その適例である。

単一国の憲法と対比される連邦の憲法の多くは、この種の憲法に属するが、連邦憲法が、必ずしも条約憲法というわけでは決してない。たとえば、連邦制を採用したワイマール憲法は、条約憲法ではなく、民定憲法である。

第 2 章

主　　権

1　歴史的・政治的な主権の概念

1.1　比較級の権力から最高の権力へ

　主権（sovereignty, Souveränität, souveraineté）ということばは、ラテン語の"superanus"（より高い）という語に由来する。このことばは、領民に対しては優位に立ち、ローマ教皇には服した封建諸侯が有する権力を指したものであった。ところが、封建諸侯の中で政治的に秀で中央集権を目指した国王フィリップス 4 世は、権力志向の教皇ボニファキウス 8 世との抗争に勝利したことで、教権と王権との聖俗の主導権争いにおいて、王権が幅を利かせ始め（いわゆるアヴィニオンの幽囚、1309-1377）、また、1338 年のレンゼの選挙侯会議でドイツ国王に選ばれたルードヴィッヒは、その他の権威を無視して即位した。こうして、教皇の国王の勅任権が形骸化するとともに、封建諸侯のうち最有力者たる国王の権力は、ローマ教皇らの実力を凌ぐようになり、実質最高で独立のものとなった。主権をもつ者が"supremas"（最高）の地位に就いたのである。主権とは、そのような歴史的事実を反映したことばである。

1.2　君主主権から国民主権へ

　このような国王の最高権力をとらえて近代的な主権論を説いたのが、自然法学者ジャン・ボーダンである。ここで説かれた主権は、「最高の権力」（summa potestas, suprema potestas）であって、それは、ウルピアヌスの「元首は、法律に拘束されることなし」（princeps legibus solutus est）という学説に基

づいたものであった。ボーダンが主権の理論化を図ったのは、フランスが無政府状態に近い中にあって、君主の立法権を保障強化するためであったが、以後のヨーロッパでは、暫時、このボーダンによって説かれた君主主権をとる体制が支配的となり、さらには、君主は、その王権を天主（God）から得たとする、いわゆる神権説（the Divine Right Theory）を主張する者も現れた。

　フランス革命は、この君主主権を覆して国民主権を樹立したものであった。以降、この国民主権の思想は、漸次、その勢いを示し、先進諸国家の趨勢となった。世界に先駆けてまとまったかたちの憲法をつくったアメリカ合衆国は、君主主権のイギリスから独立した際、君主を戴かないことによって、フランスに先立って、事実上の国民主権国家が築かれたのである。

1.3　わが国の主権者

　大日本帝国憲法は、主権の所在を直接的には規定しなかった。憲法制定者が天皇であったから、天皇が改めて自らを主権者と名乗る必要もなかった。それでも多くは、主権は天皇に存すると考えられた。その天皇は、もともと臣民に対する概念であるが、わが国には、ヨーロッパと異なり、君臣が衝突した歴史はなく、大日本帝国憲法には、「上下心を一」にする「五箇条のご誓文」の精神が踏襲され、いわゆる君臣一如の精神が貫かれたのである。

　これに対して、日本国憲法では、主権が国民に存することが明記されている。日本国憲法の掲げる国民主権における国民ということばは、国家を構成するすべてのものを意味し、また、主権ということばは、国家を構成するすべてのものの意志が国政の源にあることを意味する。したがって、わが国で、その中には、天皇も含まれるのであって、それは、政治的な抗争的概念ではなく、政治的に無色化している概念である。

　しかし、なぜ日本国民が主権をもつかについては、明らかにされていない。史実としては、憲法制定権力であった占領軍とわが政府とが、日本国憲法によって主権の所在を国民としたのである。日本国憲法においては、占領軍とそれに協力したわが政府という主権者に上位する存在が、確認されるのである。それゆえ、元来、憲法制定権力と主権者とは一致すべきであるが、日本

国憲法においては、それが、異なることになる。

2　わが国の実定法上の主権

2.1　国に固有の統治権

　この意味の主権は、たとえば、ポツダム宣言8項の「日本国の主権は、本州、北海道、九州、四国ならびにわれらの決定する諸小島に局限せらるべし」という規定や日本国との平和条約1条(b)の「連合国は、日本国及びその領水に対する日本国民の完全な主権を承認する」という規定に、その用例を見ることができる。

　この意味の主権は、不可分・不可譲のものではないから、いくつかの国家が、その一部を譲渡し合って連邦国家をつくったり、あるいは国家が自己の統治権を制限し、主権の一部を地方自治体に与えることもできる（地方分権）。連邦制あるいは地方自治制をとるのかは、国家が自己決定するところであり、連邦の権限は、連邦憲法によって、地方自治体の権限は、憲法あるいは法律によって定められる。この意味の主権は、国際社会でも、大きな意味を有している。わが国は、日清戦争や日露戦争によって、領土を拡大し、その主権の及ぶ範囲を拡大した。また、対等な日韓併合の条約によっても、その支配権を拡大している[1]。そのような主権の及ぶ範囲の変化は、国民の範囲をも変化させる。

2.1.1　国民　　国民とは、この国家固有の統治権という意味の主権の及ぶ

1　朝鮮全権大使　李成玉「李完用侯の心事と日韓和合」（名越二荒之助編著『日韓共鳴二千年史』）
　　現在の朝鮮民族の力量をもってすれば、とても独立国家としての体面をもつことはできない。亡国は必死である。亡国を救う道は併合しかない。欧米人は朝鮮人を犬か豚のように思っているが、日本は違う。日本は日本流の道徳を振り回して小言を言うのは気に入らないが、これは朝鮮人を同類視しているからである。そして、日本人は朝鮮人を導き、世界人類の文明に参加させてくれる唯一の適任者である。それ以外に我が朝鮮民族が豚の境涯から脱して、人間としての幸福が受けられる道はない。日韓併合が問題になるのは、変な話だ。我輩の併合観は欧米人の朝鮮人観を基に考察したのだ。

人的範囲をいう。人の住所・居所その他所在地に関係なく、国民はこの国家固有の統治権に服する（対人高権）。国家は、国際法による制限がある場合及び日本国憲法が普遍のものとしている基本的人権の保障の原理の要請による制限のほかは、国民に対する支配を常に自己決定できる。

わが国民の範囲は、法律によって規定されるが（憲法10条）、わが国では、効力において法律に勝る条約によって定めることも可能である（日本国との平和条約2条(a)項等参照、最大判昭和36年4月5日民集15巻4号657頁）。

2.1.2 国土　国土とは、国家固有の統治権という意味の主権の及ぶ地域的範囲をいう。その範囲内の人及び物は、そこを支配する国の主権に服する（領土高権）。

国際法による制限がある場合を除き、わが国にいる外国人がわが国の法に服し、日本国憲法29条の如き規定が存する国家では、主権（あるいは国家）の自己拘束によって、公共の福祉に適合した法律が定める範囲で、人の物に対する支配は認められ、財産権の保障が存することになる。河川や海面等のような自然公物は、私有財産に馴染まないから、地方公共団体に委譲しない限り、国家が、直接に支配する（河川法等）。また、国家は、有限の電波や地下資源をも直接に支配している。それらの財産としての私有は、国家や公共の秩序に混乱をもたらしかねないからである。

国土は、領土と領海と領空からなる。領土については説明するまでもないが、領海は、わが国の場合、原則として領土から12海里である（領海法1条）。ただ、いわゆる非核三原則を考慮して、津軽海峡等一部に3海里を基準とする海域がある（領海法附則）。領空とは、その領土と領海の上空をいう。しかし、津軽海峡には、青函トンネルが、わが領土であるにもかかわらず、その上に公海や公空があるという変則的部分が、生まれている。

領土の変更は、原則として、条約によって定まる。こんにちでは、領土権が凍結されている南極大陸は別として（南極条約）、新島でも出現しない限り、無主地は、原則として考えられない。無主地先占の法理が機能するのは、公海上に無主地が存する場合だけである。

わが北方の地域のうち、国後、択捉は、安政の条約以来、法的な千島に含まれず、わが国の固有の領土であって、第二次大戦後、わが国が放棄した「千島」「樺太」とは、法的には別に考えられなければならない。「千島」「樺太」については、わが国は、これらを放棄した以上、法的権利を主張できない。それらの帰属を定めた条約は、未だ存在しない。それらは、歴史の偶然から生じた例外的な人為的無主地であって、自然的無主地あるいは領有国が自発的に放棄した無主地ではないから、無主地先占の法理に馴染まず、その帰属は、今後の物理的な力を伴わない国際政治によって決められるべきである。それも、政治倫理的には、それらが共に平和条約という不平等条約によって生じた無主地であるから、原状に復帰する解決が、望ましい。したがって、両者ともに元の領有国であるわが国の領有原状が、回復されるべきである。日本国との平和条約は、その25条によって、それに批准していない国には適用されないから、千島や樺太が、法的にロシアに帰属することはあり得ない。

　竹島は、支配国が存在しないことを確認してわが国が領土化した。歴史的にも、わが国が松島として、支配をしてきた領土である。古く韓国人が竹島に到達した史実は、領土の支配とは異なる。わが国は、竹島を日韓併合によって領有したわけではなく、済州島、巨文島や欝陵島と異なり、日本国との平和条約2条で放棄したわけでもないから、歴史的に有効に支配を続けたわが国固有の領土である。

　尖閣列島は、明治以来、わが国が実効的に支配をしてきた地域である[2]。その列島は、わが国が放棄した領土にも属しない。それゆえ、その列島には、沖縄の主権の完全復帰とともに、完全にわが国の主権が及ぶことになった。

2　日本政府は1895年1月14日に尖閣諸島の編入を閣議決定したが、これが官報にも掲載されておらず、誰も知りようがなかったと批判する者もある。しかし、閣議決定事項はこんにちでもそのすべてが官報に掲載されるわけではないから（官報では「抜粋」と記されている）、掲載されなかったことは、政治的にはともかく、法的には問題はない。

2.2 国の政治を最終的に決定する力

　国民主権とか君主主権という場合の主権のことである。1つの団体が、同時に2つ以上の矛盾する意志をもつことはできないから、この主権は、不可分・不可譲である。この意味の主権は、日本国憲法上では、「ここに主権が国民に存することを宣言し」（前文1段）とか、「この地位は、主権の存する日本国民の総意に基く」（1条）という規定に確認される。

　しかし、主権者に関する憲法の規定が存しても、その主体が何ものであるかは、現実には、必ずしも明らかではない。日本国憲法は、国民主権を明示に定めているが、その主権者たる国民とは、「過去・現在・将来にわたって存在する日本国民を一体として捉えた観念的存在」にすぎない。この意味の主権者は、実存せず、行動することもできないのである。現実には、法的主権者の機関が、行為を営み、その機関の行為が、主権者の行為とみなされるにすぎない。その場合、その機関のうち最高のものが、現実の主権者ということになる。日本国憲法は、間接代表制を人類普遍の原理とし（前文1段）、しかも、国会を国権の最高機関と定めているから（41条）、法の形式上は、国民が主権を有し、法の実質上は、国会が主権を有することになる。

2.3 国権の最高性

　この意味の主権は、日本国憲法では、「自国の主権を維持し、他国と対等関係に立たうとする各国の責務であると信ずる」と宣したその前文3段の規定に確認される。

　国家は普遍的原理を内容とする国際法（たとえば侵略戦争の禁止）には拘束されるが、それ以外の国際法（条約）は関係当事国の「対等関係」における合意によるものであって、他律的拘束によるものではない（対外的主権）。国際法上、これは「独立」を意味する。わが国は、昭和27年4月27日まで、この意味の主権は完全ではなかった。

　さらに、この意味の主権は、国家が国内における意思組織の決定について完全な自由をもつことを意味する（組織高権）。たとえば日本国憲法92条は

「地方公共団体」という意思組織を制度的に保障するが、そこにおける自由は国家が認めた範囲でしかない（相対的自由）。また、国家が国内における統治権の範囲を自ら決定できることを意味する。国家が、地方公共団体に自治権を与え、条例制定権は認めても（94条）、司法権は認めていないのはこの主権に基づくものである（対内的主権）。

第 3 章

権 力 分 立

1 序　　説

　権力分立論には、たとえば、ロックの二権分立論（立法と執行）、モンテスキューの三権分立論（立法、行政、司法）、孫文の五権分立論（立法、行政、司法、考試、監察）[1]というように、いろいろなものがある。そのうち最も人々が口にする理論は、モンテスキューの三権分立論である。

　一般に、「権力分立」と呼ぶが、国家の統一的な権力を文字通り分立することはできないから、厳密には、M・J・C・バイルが説いているように、国権にかかわる諸要素を分立するものである。彼におけるその理想の型式（ideal-type）は、次の3つにある。

　①国政作用（国政機能）の分離（separation of functions）
　②国政組織（国政機関）の分離（separation of agencies）
　③人の分離（separation of persons）

2　日本国憲法における権力分立

2.1　国政作用の分離

　モンテスキューの影響を受けて、それを立法、行政、司法と種別するのが、

---

[1] 孫文は、権力分立を国政の能率を促進するために説いた点で、他の権力分立論の原理とは異なる。

一般である。以下、M・J・C・バイルの型式によって、日本国憲法における権力分立を概観する。

ただ、日本国憲法81条のいわゆる違憲立法審査権とか、同法7条6号及び73条7号のいわゆる恩赦権の如きは、立法、行政、司法の定義次第では、その実質的意味において、立法か行政か司法か、必ずしも明らかではなく、その本質の究明は、不可避の作業である。日本国憲法は、前者を司法権の範疇に、後者を行政権の範疇に属させた規定の仕方をしている。日本国憲法上、形式的意味の司法と実質的意味の司法及び形式的意味の行政と実質的意味の行政とは、必ずしも一致しないのである。その意味で、国政作用をとりわけ実質的意味で分析した場合、国政作用上、日本国憲法が、何権分立をしているのか、必ずしも明らかではない。

日本国憲法下、弾劾裁判所や会計検査院は、その職権について独立している（裁弾19条、会検1条）。しかし、前者の権能は、立法権の保持をその本質とする国会の当然の権能ではなく、後者の権能は、通説によれば、行政に属するが、各組織の会計の検査には、通常の行政と異なる本質を認めることも、不可能ではない。行政事件訴訟法上、義務付け訴訟（行訴3条6項）や差止め訴訟（同条7項）は、行政権の独立に関与するものであり、権力分立の原理に立脚した制度ではない。

2.2　国政組織の分離

分離させた国家の作用を別の機関に担当させることである。日本国憲法では、立法権は国会に（41条）、行政権は内閣に（65条）、そして司法権は、最高裁判所及び法律の定めるところにより設置する裁判所に（76条1項）それぞれ属することになり、国政機関の分離が、日本国憲法上明示に規定されている。その場合、日本国憲法が、組織的に、弾劾裁判所や会計検査院の独立を要求しているとすれば、憲法は、国政組織の面から、五権分離を採用していることになる。

2.3 人 の 分 離

いわゆる権力間における「兼職の禁止」を意味する。この点につき、モンテスキューは「厳しい権力分立」を主張したからの議院内閣制の如きも否定されることになるが、ロックは、モンテスキューほどその主張を徹底せず、執行権を君主に担当させながら、君主が立法権を分担することを認める「緩やかな権力分立」を説いた。

日本国憲法は、行政権を行使する内閣を組織する内閣総理大臣及び過半数の国務大臣について国会議員であることを要求しているから（67条、68条）、国政を担当する人の面からは、非常に不完全な権力分立制を採用していることになる。

3 権力分立と「国権の最高機関」

一般に、わが国は三権分立を採用しているといわれるが、それは憲法上明記されているわけでもなく、また、上述のように、憲法の規定上も三権とは言い難い。抑制と均衡という立場から、分立した権力は対等であるとされるが、国会は「国権の最高機関」と規定されているように（41条）、分立した権力が対等というわけでもない。通説は、この「国権の最高機関」という規定を、国会が主権者である国民によって直接選任され、その点で国民に結びついており、しかも立法権をはじめとする重要な権能を憲法上与えられ、国政の中心的地位を占める機関である、ということを強調しているにすぎず、法的な意味はないとするが（政治的美称）、だとすれば、憲法に先在する「権力分立における三権は対等である」という規範が存在しなければならないことになる。なお、日本国憲法の制定者は、「憲法が権力分立の程度を決定する」という立場である。

第 4 章
日本憲法概史

1　大日本帝国憲法

1.1　王政復古と封建制の崩壊

　わが国の立憲体制の萌芽は、明治維新である。この維新の大業は、封建制度の廃止に始まり、立憲制度の樹立をもって完成する。

　明治維新は、慶応3年10月14日の徳川慶喜による大政奉還の奏請と翌15日の天皇による勅許という手続きを経て行われたから、法的な意味においては革命ではない。この大政奉還は、鎌倉幕府以来続いた政治的な権威（天皇）と権力（幕府）の分離という700年近く維持されたわが政治的な伝統の崩壊を意味する。大政奉還によって、幕府の天領（直轄地）は、朝廷の支配下に置かれることになったが、各藩は、依然としてその領地と領民を支配した。封建制度が崩壊し、統治権が国家に帰一したのは、明治2年の版（領地）籍（領民）奉還によってである。また明治4年7月14日には、廃藩置県が行われ、中央集権政治が確立された。この廃藩置県とともに、士族が農工商の業に従事することが認められ、他方で、平民が、文武の官職に就くことが認められた。同年には、穢多非人の身分が廃止され、さらに明治5年には、国民皆兵の徴兵制度が採用されている。明治7年には、僧侶が平民の身分に加えられ、これによって、階級的特権の制度はすべて廃止された[1]。

1.2　大日本帝国憲法の制定

　明治9年には、元老院議長に対して、憲法草案起草の勅命が下され、元老

院に、憲法取調局が設けられた。明治14年には、明治23年をもって国会を開設することが布告された。明治15年には、伊藤博文が渡欧して、グナイストやシュタインの下で学び、伊藤の帰国後、明治16年には、参事院の中に憲法取調所が設けられた。この憲法取調所は、翌年、制度取調局と改められ、宮中に置かれることになった。明治18年には、太政官が廃止され、これに代えて、内閣が置かれることになった。翌19年には、公文式が定められ、法令の形式が明らかになった。明治21年には、枢密院が置かれ、憲法草案の諮詢を受けた。同年、市町村制度が定められ、大日本帝国憲法（以下、帝国憲法）の中に規定されることはなかったが、地方自治制への基礎固めがなされた。

　このような動きの中で、帝国憲法が発布されたのは、明治22年11月のことである。同時に、皇室典範も勅定され、翌23年11月25日には、帝国議会が召集され、帝国憲法はその開会のときから実施された。

2　日本国憲法

2.1　ポツダム宣言の受諾と「憲法改正」

　第二次大戦（大東亜戦争）に際して、連合国側は、日本「国」の無条件降伏（Debellatio）を迫ったカイロ宣言から軟化して、ポツダム宣言においては、専ら全日本国「軍隊」の無条件降伏を迫った（ポ宣13項）。わが「国」に対しては、降伏の条件が示された（ポ宣5項以下）が、その条件がわが国の「憲法改正」を迫る内容のものであるか否かについては、必ずしも明らかではなかった。わが国の側には、帝国憲法の弾力性を理由として改正の不要を説く意見が強かった（美濃部達吉、宮沢俊義ら）。

　「憲法改正」の動きが生じた背景には、いわゆる天皇の戦争責任問題が関

1　士農工商という身分制度は悪い差別の典型例として挙げられることが多い。しかし、いつの世も、実質上有力な地位を有するのは金をもっている者、すなわち商人である。その商人を最下位に置き、技術も乏しく、自然の条件に災いされ、必ずしも恵まれない農民を武士に次ぐ地位に置いたのは、アリストテレスのいう、いわゆる配分的正義を実現したものであった。

連している。マッカーサー元帥がわが政府に対して「憲法改正」を指摘したのは、「憲法改正」によって、オーストラリアやソ連等によって示された天皇問責の動きを回避しようとしたからである。マッカーサーの指示によって、幣原首相は、閣議了承のかたちで「憲法問題調査委員会」（いわゆる松本委員会）が設立されたが、この委員会に「改正」という文言が含まれていないのは、この委員会が、憲法改正の問題を議論するためのものではなく、将来生ずるかもしれない憲法改正問題に備えて、その準備のために、政治論に動かされない純学問的観点からの調査研究を企図したものだったからである。

2.2 「憲法改正」作業と日本国憲法の成立

　松本委員会は、昭和21年2月2日の第7総会をもって、その活動を終え、委員会としての正式な改正の成案は作成しなかった。同年2月1日、毎日新聞は、「委員会」の憲法草案なるものを「憲法問題調査委員会試案」の標題の下に報道したが、現実に存在したのは、松本委員長が起草した「憲法改正試案」を骨子として、宮沢委員が要綱化した「甲案」と呼ばれるものと、「委員会」の小委員会が総会の意見を取り入れた改正案（いわゆる、乙案）である。総司令部は、先の報道に基づき、「試案」の拒否を決めたが、しかし、総司令部が拒否の姿勢を示したものは、上の甲案でも、乙案でもなかった。それでも、上の誤報が契機となって、マッカーサー・ノート（マ三原則）が示され、これに基づいて、総司令部側による「改正案」作成の作業が開始された。

　以降、日本側は、この総司令部案を土台として、帝国憲法の「改正作業」に取り組んだ。昭和21年5月16日には、憲法改正の審議をする帝国議会が召集され、6月20日の開会日に、「改正案」が衆議院に提出され、帝国議会がその「改正案」を修正可決したのは、10月7日のことである。同月12日には、帝国議会が修正可決した案が枢密院に諮問され、同月29日には、その本会議がこれを可決している。枢密院の可決後、帝国憲法改正案は、上奏裁可を経て、「日本国憲法」として、11月3日の官報号外によって公布され、同時に、その英文が英文官報に掲載された。日本国憲法が実施されたのは、

翌 22 年 5 月 3 日のことである。

3　大日本帝国憲法と日本国憲法の関係

　憲法学上、憲法改正に限界があるか否かについては、見解が対立している。シェイエスによれば、「憲法を制定する力」と「憲法によって作られた力」とは区別されるから、このような考え方に立てば、憲法制定権力が憲法改正権力の行為を限界づけることは可能である。このように憲法改正に限界があるとする立場からは、憲法の基本原理をなす部分については、改正は不可能と説かれる。このような立場が正しいとすれば、帝国憲法 73 条の改正手続きによって、天皇主権の憲法を国民主権の憲法と改めたことは、憲法改正権の限界を超えることになる。「憲法改正」を迫った占領軍の行為が、ハーグ陸戦法規・大西洋憲章・ポツダム宣言に適っているかについても、法的には考慮されなければならない。日本国憲法無効論が存在する所以である。

　しかし、たとえば、帝国憲法においては、法律の実質的な合憲性を審査する機関は存在しなかったから、帝国憲法に違反する法律であっても、すべて効力を有した（だからといって、違憲の国家行為がまかり通っていたわけではない）。現在、法律の実質的な合憲性を審査する機関は、各国憲法が採用する傾向にあり、わが国でも日本国憲法 81 条がその権限を司法裁判所に与えているが、憲法改正権の行為を審査する権限は与えていない。

　とすれば、日本国憲法が、憲法改正の限界を超えたものであった場合でも、それを審査する機関が存在せず、憲法改正の限界を超える改正が当然に無効になるとする、憲法に優位する法の存在が確認されない限りは、これを有効なものとして取り扱うよりほかにない。

第2編
日本国憲法の概要

第1章 天　　皇

1　象徴としての天皇

　日本国憲法は、国民が主権者であることを明示に規定している（1条）。いわゆる天皇制は、主権者国民の総意によって、その存立が認められたものである。

　帝国憲法においては、天皇が元首であることが明示に規定され（4条）、マッカーサー三原則第1項でも「天皇は国の元首の地位にある」とされていたが、日本国憲法においては、天皇が象徴であることについて明示に規定されているに過ぎない（1条）。しかし、このことは、日本国憲法が天皇の元首性を否定する趣旨では決してない。これは、帝国憲法には象徴に関する規定がなかったにもかかわらず、帝国憲法が天皇の象徴性を否定する趣旨ではなかったのと同様である。単に何に重きが置かれたかという規定の仕方の差異に過ぎず、日本国憲法は、天皇に原則として国政に関する権能がないことから（4条）、権力との不可分性を連想されがちな元首ということばを避け、その象徴性に重きを置いただけのことである。

　実のところ、元首の概念は種々であり、民主的に選出され、国政作用のうち行政権しかもたないアメリカ合衆国大統領も元首であるし、近代立憲君主制における「君臨すれども、統治せず」という性格の君主もまた元首である。天皇が君主であるかということについては、君主という概念が、わが実定法上の概念でないことから、不明であるが、君主の標識が世襲制と国家を外国に向けて象徴する性格とすれば、天皇もまた君主である。現実には、諸外国

においては、天皇は元首であり、君主であると扱われている。

ちなみに、この天皇制は、日本国憲法が創設したところであって、かつての天皇制とは無関係であるとする説もあるが、日本国憲法と同時に施行された皇室経済法7条は、「皇位とともに伝わるべき由緒ある物は、皇位とともに、皇嗣が、これを受ける」と定めているから、天皇制は歴史的に連続性のあるものである。

2 天皇の権能

天皇は、日本国憲法が定める、13の国事に関する行為（4条2項、6条、7条）だけを営むが、その国事に関する行為を営むに際しては、内閣の助言と承認を必要としている（3条）。天皇は、実質的憲法上、公的な行為も営むが、これについても内閣の助言と承認は不可欠である。天皇は、政治的権能を有しないから、政治的には無答責であり、また、国家の尊厳を表徴する以上、その尊厳性に鑑みて刑事的にも無答責である[1]。民事責任については、憲法制定議会で金森国務大臣はこれを否定し、最高裁判所は、天皇に民事裁判権が及ばないとしている（平成元年11月20日民集43巻10号1160頁）。

内閣は、その助言と承認の仕方を誤った場合、その助言と承認の仕方について、国会に対して責任を負う。

ところで、日本国憲法は、たとえば、国会の閉会中に、行政権を行使する内閣に対する大事件が起こり、閣僚が全員死亡する事態が生じた場合については、なんら規定を用意していない。このような場合、国政不関与の原則にもかかわらず、天皇が、至極例外的に、内閣の助言と承認なしに、積極的に国政権能を行使して国会を召集する以外に解決の方途はない。このような場合について、日本国憲法は、なんら想定していないのである。

---

[1] イギリスには「国王は悪を為し得ず」（The King can do no wrong）という慣習憲法があり、イギリスから独立し、国王を戴かない国家を築いたアメリカでも国家無答責の原則として継承されている。

3　摂　　政

　天皇が未成年の場合あるいは天皇に精神もしくは身体の重患または重大な事故がある場合（典範16条）は、摂政が置かれる。これに対して、天皇に精神もしくは身体の疾患または事故があるときは、摂政を置くべき場合を除いて、国事行為の代行が置かれる（国事行為2条）。この摂政は、在任中、訴追されることはなく（典範21条）、国事行為の代行も、委任されている間は、訴追されない（国事行為6条）。

4　皇室典範

　帝国憲法時代には、徹底した皇室自立主義がとられた。皇位が皇室典範によって定められることは（帝憲2条）、こんにちと変わりないが、皇室典範は皇室の家法であって、その改正には帝国議会は関与できなかった。他方で、皇室典範をもって帝国憲法の条規を変更することもできなかったから（帝憲74条）、その時代は、成典憲法の二元主義が行われた。それゆえ、両者の間は、形式的効力の優劣の関係になく、それらの下に、政務法の体系と宮務法の体系とが併存していたのである。

　日本国憲法の下では、皇室典範は国会が議決するもので（2条）[2]、形式的には法律である。これによってわが国の成典憲法は日本国憲法だけとなり、したがって、成典憲法の一元化と国民主権主義をより徹底するための皇室の民主化とが企図された。

---

[2] 憲法2条は、皇室典範を「国会」の議決で定める旨を規定しているが、現在の皇室典範は、昭和22年1月16日法律3号であった。その当時は、日本国憲法は実施されておらず、したがって「国会」は未だ存在していなかったから、それを実際に定めたのは、帝国憲法上の「帝国議会」であった。

第 2 章

戦争の放棄

1　戦争放棄条項の誕生

　こんにち、なんらかのかたちで平和主義を掲げる憲法は少なくない。わが国も、敗戦により平和主義を方向づけられ（ポ宣10項）、また自らの戦争への反省もあって、至極、平和を指向している。戦争放棄条項の直接の契機となったのはマッカーサー三原則の第2項であり、憲法制定過程で修正を受けながら、現行9条のかたちになる。この過程で、マッカーサーが重視したと思われる「自己の安全を保持するための手段としての」戦争の放棄（マ三原則）が早々に削除され、最後に、「前項の目的を達するため」という文言が挿入されたことは（いわゆる芦田修正）、重大な修正である。

　ただ、被占領下で日本国憲法という名の法典が実施され始めた当時、わが国の防衛については、軍を解体させられていたから戦争の能力などなかったし、法的には占領軍がその責任を負うものであったから、わが国が戦争を放棄したのか否かを議論することは、少なくとも法的には無意味であった。

2　戦争放棄条項の政府解釈

　戦争には、マッカーサー三原則第2項から読み取れるように、「国家の主権的権利としての戦争」（いわゆる侵略戦争）、「紛争解決のための手段としての戦争」「自己の安全を保持するための手段としての戦争」（自衛戦争）、「国際社会による秩序維持のための戦争」（制裁戦争）とが考えられる。このうち

前二者が、こんにち許されない戦争であることはいうまでもない。

　政府の解釈によれば、憲法 9 条 1 項の限りでは自衛戦争は放棄されないが、2 項が一切の戦力の保持が否定され、交戦権が否認されるから、全体として戦争放棄条項は、自衛戦争を含むすべての戦争を放棄することになるという。しかし、さらに政府は、戦力に至らない必要最小限度の自衛力の保持は認められ、自衛権の行使は合憲であるとし、この自衛権は、交戦権をもたないから、戦力にとっては可能な外国における占領行政を行うことはできず、その行為は専守防衛の範囲に限られるとする[1]。

　このような政府の解釈は、一方では、戦争を放棄する日本国憲法の姿勢を尊重しながら、他方で、未だ不安定要因を含む国際社会の現況に備えて、憲法 13 条の規定も考慮し、一億有余の国民を平和のための実験動物にはできないとする立場からなされているのである。

3　文民規定の問題

　憲法 66 条 2 項の、いわゆる文民規定は、憲法 9 条に芦田修正が挿入されたことによって、戦力の保持が可能となったと解したソ連の圧力により、GHQ を介して設けられたものである。しかし、かつて武官に対することばとして、文官ということばは存在したが、「文民」(civilian) ということばは、日本国憲法とともに生まれたことばで、その意味は必ずしも明らかではない。かつての職業軍人の経歴を有する者で閣僚の経験を有した者の例は既にある。軍国主義的傾向の思想をもたない者を文民とする解釈は、軍国主義の定義が不明なばかりか、思想及び良心の自由を保障する憲法 19 条と抵触する。もともと、戦力が否定されるとすれば、文民規定は不要である。

　文民規定が挿入された意義について、わが国の憲法制定にかかわった者は、

1　政府によれば、わが国の自衛権の発動の要件は次の 3 つである。
　①わが国に対する急迫不正の侵害があること
　②この場合にこれを排除するためにほかの適当な手段がないこと
　③必要最小限度の実力行使に止どまるべきこと

十分に理解していなかったようであるが、ソ連をはじめとするGHQ側で憲法制定にかかわった者の意思としては、戦力ないし自衛隊のごときなんらかの実力部隊の存在を前提としているから、戦力放棄条項の解釈も、この文民規定と合わせてなされるべきである。

4　国際警察行動

　わが国の国連軍に対する軍事的協力は、政府の解釈では、これを行うことは許されないが、憲法前文の「平和を維持し、専制と隷従、圧迫と偏狭を地上から永遠に除去しようと努めてゐる国際社会において、名誉ある地位を占めたい」という姿勢と矛盾しない。「名誉ある地位」と結びつくものは、他依存の生き方ではなく、他に献身的で自己犠牲的な生き方だからである。「平和を愛する諸国民の公正と信義に信頼して、われらの安全と生存を保持しようと決意した」ことは国際機関への依存にほかならないが、その国際機関の平和創造の活動に協力しないことは「いづれの国家も、自国のことのみに専念して他国を無視してはならない」とする憲法の精神に反する。

　一体、国連軍の行為は、制裁戦争ないし平和維持・回復戦争であるが、その実は、国際社会における警察活動であって、従来の意味での「戦争」とは異なるものである。したがって、国連軍へのわが国の協力は、すべての戦争を放棄したとする政府の解釈とも矛盾しない。

5　集団的自衛権

　国連憲章51条は、「安全保障理事会が国際の平和及び安全の維持に必要な措置をとるまでの間、個別的又は集団的自衛の固有の権利を害するものではない」と規定する。国際法上、集団的自衛権の定義が確立しているわけではないが、わが政府は、「自国と密接な関係にある外国に対する武力攻撃を、自国が直接攻撃されていないにもかかわらず、実力をもって阻止する権利」と理解し、わが政府も、主権国家である以上、国際法上、当然に集団的自衛

第2章　戦争の放棄

権を有しているとしながらも、これを行使することは、憲法9条の下で許容される実力の行使の範囲を超えるものであり、許されないとしてきた。この見解の根底には、「一般国際法上存在する個別的自衛権＞憲法＞条約によって成立する集団的自衛権」という関係がある。しかし、国連憲章51条が「固有の権利」と規定するように、個別的及び集団的自衛権はともに、一般国際法上認められる権利である。自衛権を行使し、援助を必要とする状態に陥った外国の要請があるにもかかわらず、これを拒否することは、「自国のことのみに専念して他国を無視」する国家の所業であって、「自国の主権を維持し、他国と対等関係に立たうとする」国家のあるべき姿ではない。

　平成26年7月1日、昨今の不安定な国際情勢に鑑み、政府は、これまでの解釈を変更し、集団的自衛権の限定的行使を容認する閣議決定を行った。これに対して、政府自らが自身の解釈を変更することは憲法違反であるとする意見が強い。しかし、最高裁判所が、非嫡出子の相続分を嫡出子のそれの2分の1とする民法900条4号を憲法14条に反するとしながら、かつての最高裁判所大法廷の決定（最大決平成7年7月5日民集49巻7号1789頁）等を変更するものではないとしたように（最大判平成25年9月4日民集67巻6号1320頁）、時と事情の変化によって、憲法の規定の意味が変化することを認めたから、憲法9条についても、政府の解釈の基礎となっている内閣法制局がその見解を改めることは認められねばならない。というのも、政府が憲法9条の変化に合わせて執行していなければ、将来、裁判所によって、違憲と判断されることもありうるからである。

第3章

国民の権利及び義務

1　民主制の論理と憲法の論理

　日本国憲法は、国民の代表機関である国会を国権の最高機関とする。これは、国民が平等に国政に参加する義務を有し、その多数の意志によって国政を動かそうとする論理に基づくもので、これを「民主制の論理」という。19世紀のヨーロッパ大陸においては、法実証主義の下で、立法府を尊重し、法律を万能とするこのような論理が支配的であった。

　しかし、国民の多数の意志も、時に法的正義に反する結果を生み出しかねない。20世紀前半のナチズムやファシズム、わが国の全体主義的な時代がそうである。そのような経験に対する反省から、日本国憲法も、自然法に根拠を置く基本的人権を中心とする基本権を宣言する一方で、それを保障するために、その宣言の改正を極度に困難にしただけではなく。司法裁判所に対して立法を含む国家行為の合憲性審査権を与え、日本国憲法の形式的効力が法律よりも強いことを宣明した。これは、結果的に少数者の保護にもつながる憲法的正義を実現しようとする論理で、これを「憲法の論理」という。

　日本国憲法は、このような2つの論理の上に成り立っている。日本国憲法第4章の「国会」や第5章の「内閣」が前者を基調としているのに対して、第3章の「国民の権利及び義務」や第6章の「司法」は後者を基調としている。

2 基本権の保障

2.1 序　　説

　憲法上、いかなる権利を保障するかは、それぞれの国の歴史に影響される。もともとは、カトリックとプロテスタントとの抗争の中で生まれたものであり、こんにち、国家が存在しないときから人類が有し、人であるというだけで誰もが有する権利とされる（基本的）人権でさえ、その思想を採用する国もあれば、採用しない国もあり、その思想を採用している国であっても、何を人権とするかは必ずしも一致しない。たとえば、共産主義諸国家は、「宗教は民衆にとって阿片」とする考え方に基盤を有するから、もともと人権思想と両立しない。共産主義国家がその独善的正義観によって人類史上稀に見る多量の人命を奪い得たのも、恐れるべきもの・天主が、存在しなかったからである。フランスの人権宣言は、天主に代わる至高の存在に由来し、ドイツにおいては、集会や結社に関する権利は、人権ではなくドイツ人の権利である。大日本帝国憲法における臣民の権利は、「愛重の大御心を以て、臣民を邦国の宝として」待遇するものであって、人権の思想とは異なるものであったが自由を保障していた。日本国憲法は、わが国がキリスト教的基盤を有しないにもかかわらず人権思想を採用し、多くの自由を保障している、

2.2 基本権の種類

2.2.1　序説　　通常の権利は、主観的利益を内容とするもので、法律とか、合法の契約によって設定されるが、基本権は、憲法によって保障される権利であって、この憲法上の権利の本質は、それが法律的な権利なのか、あるいは義務なのか、プログラムなのかは、必ずしも一様ではない。

　国民の国家との関係について、イェリネックによれば、消極的・積極的・能動的及び受動的の4つの類型に分別できる。そのような国民の国家に対する地位に鑑み、国民は、消極的地位においては、自由権を、積極的地位においては、受益権及び社会権を、そして能動的地位においては、参政権を有し、

受動的地位においては、義務を有する。

2.2.2 自由権　　自由権とは、国家に対する国民の消極的な関係から生ずるもので、国家に対する不作為請求権（干渉しないことを求める権利）である。自由権には、基本的人権である自由権（18条、19条、20条1項前段・2項、21条、23条等）と、そうでない自由権とがある（15条4項、22条、29条、35条、36条、38条）。このほか、天皇は、その憲法上の地位に伴い、政治的・刑事的に無答責であり、その意味で自由を有する。国会議員の不逮捕特権（50条）、国会議員の発言の免責特権（51条）、内閣総理大臣の不訴追特権（75条）等、特定の地位にある者だけに認められる自由権もある。

2.2.3 受益権（国務請求権）　　国民は、国家に対して積極的な関係に立ち、国家に対して一定の国務を要求する憲法上の権利を有する。受益権には、請願権（16条）とか、裁判を受ける権利（32条）のように形式的（手続的）なものと、公務員の不法行為に対する賠償請求権（17条）、財産補償請求権（29条3項）、刑事補償請求権（40条）のような実体的なものがある。被疑者の弁護人依頼権（34条）、公平・迅速・公開の裁判を受ける権利（37条1項、82条）、被告人の弁護人依頼権（37条3項）とか、議員の歳費請求権（49条）、裁判官の報酬不減額請求権（79条6項、80条2項）等も、この受益権に属する。

2.2.4 参政権　　国民は、国家に対して能動的な関係に立つ場合があり、この関係から、国民は、参政権を有する。この参政権については、これを権利と解する者もあるが、これを自己の利益のために行使してよいとするのは、正解ではない。それは全国民のために行使されるべきもので、客観的利益を実現するためのものである。たとえば、選挙権は、自己の利害を考慮してではなく、全国民のために相応しい人を選ぶために行使しなければならない（43条）。それゆえ、この参政権の行使者は、主権者国民の機関であって、それを行使している範囲で、一種の公務員である。機関または公務員は、自己のためにではなく、その所属する者のために行為を営むべきであるから、参

政権の本質は、権利ではなく、公務または権限ということになる。たとえば、イタリア憲法48条は「投票の行使は市民の義務である」と規定している。また、諸外国において選挙権の不行使に罰則が規定されることがあるのも、このような理解に基づくからである。

2.2.5　社会権　　受益権と同様に、国民は、国家に対して積極的な関係に立ち、専ら政治的に国家に対して一定の国務を要求する権利を有する。この社会権は（25条1項、26条1項、27条1項、28条）、受益権に似ているが、その権利性は乏しい。最高裁判所は、社会権のうち生存権にかかわる訴訟において、これをプログラム的性格のものとしてとらえている。ただし、教育を受ける権利については、教育の義務との関係上、義務教育を受ける年齢の者については、受益権であり、その他の者にとっては社会権である。

　近代立憲主義においては、参政権及び受益権に関する制度は、ともに国民の自由権を確かなものとするために仕組まれた装置であった。しかし、その結果、国家の干渉がなければ、自己の健康で文化的な生活を維持することができなくなる者さえ現れたことは史実が示している。そこで、登場したのが社会権の思想であり、これを認めた最初の憲法がワイマール憲法である。日本国憲法も、この思想に基づき、経済的強者の経済的基本権を制限することによって、健康で文化的な生活を営めない人に対して、国家が配慮をする体制をとったのである。

3　平等の原則

3.1　序　　説

　平等の思想は、既に古代ギリシアに確認できるが（「法の一般理論第2章2.2正義説」参照）、日本国憲法の「法の下の平等」は、特殊近代的顕現であって、もともとキリスト教における「天主の前の平等」という思想に由来する。貧富、健康病弱、その他のそれぞれの境遇で天主に感謝する生活をすれば、世俗的な不平等に対する不満・要求は解消されるといった思想が、カルヴァ

ン[1]によって世俗化され、それが自然法思想を導入した近代の合理主義思想と結びついて、普遍化する傾向を示したものである。

　平等を説く場合、その基準が問題となる。わが国では、明治維新期、欧米的な平等の思想が「天は、人の上に人を造らず。人の下に人を造らず」と紹介された。しかし、その際、わが国では、絶対的な存在である天主の思想は一般的ではなかったから、平等の基準は、「天皇」に置かれた。ここに「天皇の下の平等」として四民平等が実現されたのである。

3.2　日本国憲法の平等原則

3.2.1　平等の原則　　憲法14条は、平等の原則を定める。この規定を「平等権」の保障と説く場合、これを自由権の1つと説かない限り、国家は国民を平等に遇することはできない。国家、すべての国民に平等にかかわることが不可能であるから、まったく放置するしかないのである。しかし、このような姿勢は、かつての弱肉強食の社会を再現することとなり、基本権保障の意味を失わせることになる。14条はあくまでも「法律に不合理な差別を設けない」という消極的な原則を定めるものであり、社会生活において実質的な無差別を実現することを要求できる積極的な権利ではない。この消極的な平等の調整原理として、社会権的法制の保障がなされているのである。

1　カルヴァンの提唱した予定説は、歴史に大きな影響を与えた。この予定説は「最後の審判において誰が救済されるかは、その人が生まれるずっと前から決まっている」とする。とすれば、カトリックの販売する免罪符を購入するとか、誕生後の生き方では選別されない。しかも、全知全能の天主の定める救済基準であるから、それがいかなるものかは人ごときには理解できない。善人が救済されるという保証もないのである。しかし、少なくとも、異教徒が救済されるはずもないから、カルヴァンの教えを信じ、さらに、教会に行きもしない人よりは、熱心に信仰する者のほうが救われるはずだという「推測」から、信仰心はますます篤くなる。この救済を求める信仰の前には、国王も貴族も庶民も関係なく「平等」である。またカルヴァン主義者にとっては、天主こそ唯一の基準であるから、当時、ヨーロッパを支配した伝統主義に合理的な理由が見出せなくなる。昔から貴族であった、昔から庶民であったというだけでは、身分を固定する理由にはならない。このような天主の命令に違う社会は、転覆すべきと、革命の思想が生まれた。フランスではユグノー、イギリスではピューリタンとして広がり、イギリスではクロムウェルによって王政が打倒されたほどである。

3.2.2　その他の平等を実現する規定　　日本国憲法は、14条のほかに、平等を実現するために、全体の奉仕者としての公務員（15条2項）、普通選挙（15条3項）、請願者に対する差別処遇の禁止（16条）、政教分離の制度的保障（20条1項後段、3項、89条）、家族的法制における平等（24条）、財産に対する損失補償（29条3項）を規定する。

　立法が一般的であることも平等の要請であり、地方特別法において住民投票が求められているのは（95条）、立法によって一部の地方公共団体に不利益な差別がなされる場合に、その住民の同意を得ることで、平等の要請に応えようとするものである。また、平等は法律の内容が平等であることだけでなく、その適用においても平等を要求するから、行政や司法における法律解釈の統一も要求される。そのために、行政機関では、上級庁の訓令権が認められ、司法機関では上訴の制度が置かれている。

3.3　一票の価値の平等

　選挙における一票の価値をめぐる問題については、選挙区制をとる限り不可避であって、一選挙区制（全国区制）をとらない限り、一票の等価性は、実現し得ない。非法律的要素を考慮し、一選挙区制は、導入されていないが、一票の価値における等価性の問題に際して、地勢、住民の歴史的一体性、行政区画との関係等合理的な要素を考慮することも、憲法上、可能であって、必ずしも人口比をもってその基準としなければならないわけではない。

　こんにち、一票の格差をめぐるいわゆる憲法訴訟が頻出している。それは、平等にかかわる問題であるものの、公職選挙法は、一票の価値をめぐる憲法に基づく訴訟を認めていないから、そのような問題に対する司法的取組みは、違憲である（昭和51年4月14日民集30巻3号223頁、天野武一裁判官反対意見）。

4　制度的保障

　原則として権利者に固有の利益を内容とする基本権を国家の権力から保障することは、近代憲法の原則であるが、固有の利益をもたない一定の制度は、

民主的に定められることを予定した憲法が、これを立法権からも保障することは、憲法自体予想するところではなかった。ところが、政党等の対立が激しく、国民の総意が反映しなくなると、国政は停滞し、国家は混乱をきたすから、憲法は、この事態の発生を防止するために、立法権によっても侵害し得ない一定の制度を保障している。すなわち、民主制にとって不可欠な国民の同質性を保ち、自主的な人格の育成が可能な制度を保障しているのである。このような制度的保障に属するものとしては、公的な組織の保障と民事的な法制の保障とがある。

公的な組織の保障としては、公務員制度、政教分離の制度、大学の自治及び地方自治がある。これは、公務員、宗教団体、大学及び地方公共団体の固有の利益を保障するものではなく、そのようなものを立法権をもってしても、安易に動かし難いものとしたものであって、その保障によって、それぞれが、それぞれの権利を有するわけではない。

民事的な法制の保障とは、政治とは直接には関係ないが、人々の私的自治の範囲で歴史的に形成された定型的な法制または法律関係の中で、民主制と重大な関係をもつものについて、立法権に足かせをはめるもので、これには、家族的法制の保障、私有財産の保障及び社会権的法制の保障がある。

5　第三者効力

ロックの自然法理論によれば、自然状態において人々が有していた自然権の一部は、社会契約によって、国家に譲渡され、国家は、その自然権の一部を統治権として行使する。つまり、国家と人々とは、もとより不対等な関係にあるから、国家の行為を拘束するものとして憲法が必要とされたのである。他方、人々は、自然状態にあったときと同様に、相互に平等であって、人が人を支配する関係は、憲法に明示の規定でもない限り認められない。法的には対等なのである。

ところが、資本主義が発達し、社会構造が複雑になるとともに、社会の中に、大企業やマスコミ等の強大な力をもつ私的団体（社会的権力）が発生し、

事実上、一般国民の権利が脅かされるようになったことから、国民と国民の間（私人間）にも憲法を適用して、弱い立場にある国民を保護すべきとする主張が現れた。これが、第三者効力（私人間効力）の問題とされるものである。

ときに、憲法は、私人間をその規制対象としているかのような規定を設けている。たとえば、選挙人の選択に関して、「私的にも責任を問はれない」と規定しているが如くである（憲法15条4項）。しかし、このような規定も直ちに私人に適用できるかは、疑問である。政治団体等、集団の目的または性質次第では、これらの規定を適用することが適当でない私人間の関係が存在するからである。日本国憲法18条は、私人間に直接に適用があるといった見解があるが、私人間における奴隷的拘束のごときは、主権論から見ても、人が統治権をもつことはないから、憲法18条が存在しない場合にも、私人間において、奴隷的拘束は、当然に認められない。児童の酷使を禁ずる憲法27条3項は、児童の範囲も酷使の意味も明らかにしておらず、いわゆる労働三権の規定（憲法28条）に関しても、勤労者の意味は明らかではなく、どのような勤労者がそれらの権利をどの程度に有するかも明らかではない。それらは、民主主義国家においては、立法によって明らかにされるべきで、裁判所がその規定が直接に私人間に適用することはできない。

判例・通説は、原則として憲法の適用を認めず、憲法の「理念」が、民法90条等の一般条項を通じて、間接的に適用されるとしている。

6 基本義務

日本国憲法は、自由及び権利を保持及び行使するに際して、3つの義務を定める。不断の努力によって保持する義務、濫用してはならない義務及び公共の福祉のために常用する義務がそれである（12条）。また、憲法は、より具体的な義務として、その保護する子女に普通教育を受けさせる義務（26条2項）、勤労の義務（27条1項）及び納税の義務（30条）を定めている。さらに公務員に対しては、憲法を擁護及び尊重する義務を定めている（99条）。

7　公共の福祉

　日本国憲法上の基本権は、公共の福祉によって制約される。実際、基本権は、こんにち、いろいろな理由で制限されているが、その理由がいかなるものであろうと、その理由は、日本国憲法上は、「公共の福祉」を別称したものにほかならない。要するに、公共の福祉とは、基本権の絶対性を否定するための概念であって、一義的な概念ではないのである。

　日本国憲法13条公共の福祉は「公共の安全」と「公共の秩序」を内容としている。公共の安全とは、自然権を保障しまたはその概念を内容としている実定法が遵守される事態を確保する法原理を生み出すものであって、社会生活で一般公衆またはこれを構成する各個人の生命・身体・名誉・財産等に加えられる侵害に対して、これらの人格的利益を保護するものをいい、人類が社会生活を営むために最小限度遵守することを要するものをいうのであって、そのための法秩序の維持を要求するものである。公共の秩序とは、国家が人々の自由を直接制限する場合であるが、公共の安全に比して、基本権侵害の危険が間接的であり、法違反に対する制裁も、公共の安全の場合に比して軽微である。公共の安全を害することは、直接関係者の生命・身体・名誉・財産等に対して具体的な実害が生ずるのに対して、公共の秩序を害する場合は、これらの法益につき抽象的または間接的に危険があるため、予防的に規制するものである。

　これに対して、日本国憲法12条、22条及び29条は、基本的人権を除く基本権について、その他に、社会的弱者を救済するための、政策目的の基本権規制を可能としている。

第4章

国　　　　会

1　国権の最高機関

1.1　序　　説

　国会は、国権の最高機関である（41条）。ここで最高機関とは、他の機関と総合的に比べて最も強い権限を有する機関のことをいう。もちろん、権力分立を採用しているから、最高機関とはいえ、他の機関に対して指揮命令権があるわけではなく、また、国会が他の機関の権限を代わって行使できるわけでもない。通説は、これを政治的美称とするが（第1部第3章参照）、以下に見るように、憲法の規定上も、他の機関に比べて強大な権限が与えられている。

1.2　国会と内閣

　財政を中心とする行政監督権は、議会の生成期以来、議会の本質的機能であって国会もこの権能を有する。行政は、原則として、法律に基づかねばならず（法の支配、法治行政、73条1号）、行政に不可欠の予算も国会が議決する（60条、73条5号、86条）。さらに、行政を統制するために、国会の各議院には、国政調査権が与えられている（62条）。内閣の首長たる内閣総理大臣は国会が指名し（67条）、そこで組織される内閣は、衆議院の信任の上に存立しているにすぎない（69条、内閣不信任決議）。

　これに対して内閣は、衆議院の解散について天皇に対して助言と承認をすることができるものの（7条3項）、国会そのものの存立を左右する権能をも

たない。この意味で、内閣が国会に優位するという理屈は成立しない。

1.3　国会と裁判所

　国会は、最高裁判所及びその他の裁判所あるいは裁判官に対しても、係属中の裁判を除いて、国政調査権を行使できる（62条）。また、国会は、国会議員によって組織される弾劾裁判所を設置して、裁判官を弾劾することができる（64条、78条）。裁判所の予算を議決するのも、国会である（60条、73条）。最高裁判所及びその他の裁判所が行う裁判は、法律の下で行われる（76条3項）。国会は国権の最高機関であるから、最高裁判所が制定する規則（77条1項）は、法律に違反することはできない。また、国会は、最高裁判所の構成、最高裁判所裁判官の国民審査、裁判官の定年、裁判所の権能の範囲を定めることができる（79条、裁判所法3条1項）。

　これに対して、最高裁判所が行使するいわゆる違憲立法審査権（81条）は、具体的事件に法律を適用しないという程度の機能を営むにすぎない（いわゆる個別的効力）。立法そのものを、決定的に左右するわけではないのである。この意味で、裁判所が国会に優位するという理屈も成立しない。

1.4　国会と国民

　国会は、主権者国民の機関として、現存する国民の一部である成年者たる国民からなる選挙人団によって行われる普通選挙で選出される国会議員から構成される。この選挙人団は、参政権を行使するが、政治的にはともかく、法的に国会に命令することはできない（51条）。一方、国会は、全国民の代表機関として（43条）、選挙人たる国民のみならず、有権者でない国民、これから生まれてくるであろう国民をも法律によって拘束することができる。国会も、憲法には拘束され、その憲法改正には、国民の投票による承認が必要とされることから、この点に限れば、選挙人である国民が、国会に比して優位にあるように思える。しかし、これは、日本国憲法が国民の憲法改正の手続きへの参加を認めた結果にすぎず、憲法改正の発議と国民の承認という憲法改正の手続き上の重要な作業の国会と国民とによる分担にすぎない。現

実には、国民が憲法の改正を望んでも、国会にその意志がなければ、憲法改正は、行われ得ない。「日本国憲法の改正手続に関する法律」が制定されたが、憲法改正に参加する国民の範囲、何をもって国民の承認があったとするかについても、日本国憲法の範囲で国会が決定できるのである。この意味で、国民が国会に優位するという理屈もまた成立しない。

2 唯一の立法機関

法の一般理論第4章2.3「法律」(30頁) 参照。

3 国　　　会

国会は、選挙された議員で組織される衆議院と参議院とで構成され (42条、43条)、衆議院の任期は4年であり (45条)、参議院の任期は6年である (46条)。何人も、同時に両議院の議員たることはできない (48条)。

国会は、毎年1回召集され (52条、常会)、必要に応じて、臨時会が開かれる (53条)。衆議院が解散されたとき、解散の日から40日以内に衆議院議員の総選挙を行い、その総選挙の日から30日以内に国会が召集される (54条1項、特別会)。

この国会の権能としては、法律の議決権 (59条)、予算議決権 (60条)、条約承認権 (61条)、弾劾裁判所の設置権 (64条)、内閣総理大臣の指名権 (67条)、皇室財産の授受の議決権 (8条)、憲法改正の発議権 (96条) がある。

4 二　院　制

4.1 序　　　説

かつて、シェイエスは、「第二院が第一院と一致すれば、無用であり、一致しなければ有害である」という趣旨のことを述べた。しかし、14世紀のイギリスで「幸運な偶然」から生まれ、18世紀のアメリカで「偉大な妥協」

として組織された二院制は、減少傾向にあるが、依然として多くの国家に確認される。

二院制は、イギリスのような階級制の存する国家では、庶民階級及び貴族階級がそれぞれの国政における意思表明の場として、また、アメリカ合衆国のような連邦制の国家では、連邦国民及び支邦（州）のそれぞれの国政における意思表明の場として、それぞれその存在意義を有している。日本国憲法は、貴族制を否定し（14条2項）、また地方公共団体は、その組織及び運営を法律によって定められるもので（92条）、自己の憲法をもって存立している支邦とは異なるから、わが国の二院制は、階級制の存在する国家や連邦制の国家における二院制とは、その存在理由を異にし、両院共に民主的に選出される議員によって構成される。それゆえ、当然のこととして、わが両院ではともに政党政治が行われ、同質の審議が行われている。その結果、参議院については、「衆議院のカーボン・コピー」、「衆議院の影」という評価さえ可能であった。ときに、いわゆる「ねじれ国会」が生じるものの、民主的二院制と政党政治は不可分であり、現状では、両院の審議の差異を期待できない。参議院を超党派的な国会議員をもって組織しない限り、わが国の二院制は無意味なのである[1]。

4.2　議院の権能

各議院は、請願受理権、国会議員の逮捕許諾権及び逮捕された国会議員の釈放請求権（50条）、国会議員の資格争訟の裁判権（55条）、議院の自己組織権（58条1項）、議院の規則制定権（58条2項）、議員に対する懲罰権（58条2項）、国政調査権（62条）がある。両議院の権能は概ね対等であるが、衆議院が一定の事項に関して優越性を有するほか（59条、60条、61条、67条）、衆議

---

[1] マッカーサー草案は、わが国会に「一院制」を提案したが、日本側は、①一院制によって生じ易い多数党の横暴の弊害を防止できること、②一院制におけるよりも慎重審議を期待できること、③衆議院に「数」の府、参議院に「理」の府であることを期待できること、④衆議院が解散した場合に、参議院によって国政を補充することができるといった理由から、二院制に固執したが、現実の二院制はそのような期待に応えていない。なお、「国会議員の総選挙の施行を公示すること」と規定した憲法7条4項に、一院制の名残を見ることができる。

院には、予算先議権 (60条)、内閣に対する信任・不信任の決議権がある (69条)。なお、いわゆるねじれ国会にあっては、参議院が内閣に対して不信任決議をすることもあるが、これに法的効果はない。他方、参議院は、衆議院の解散中、緊急集会を開いて暫定決議を行う権限をもつ。緊急集会でとられた措置は、臨時のものであるから、国会開会の後、10日以内に衆議院の同意が得られなければ、その効力を失う (54条)。

5 国会議員

国会議員は、発案権または発議権、質問権、質疑権、討論権、表決権を有する。国会議員は、任期満了の場合 (45条、46条)、他の議院の議員となった場合 (国会法108条)、議員として被選挙資格を失った場合 (国会法109条) には、当然に退職しなければならない。また、辞職した場合 (国会法107条)、除名された場合 (58条2項)、資格争訟の決定による場合 (55条)、選挙に関する争訟の判決による場合 (公職選挙法204条)、衆議院議員の場合には衆議院が解散されたとき (7条) には、議員の地位を失い、または議員の地位を奪われる。地方公共団体の議会の議員と異なり、国民からの解職請求制度 (リコール) はない。

国会議員については、全国民の代表として、自由・独立に活動し、公務を遂行できるように、不逮捕特権 (50条)、発言等の免責特権 (51条)、歳費請求権 (49条) が与えられている。

第5章

内　　　閣

1　序　　説

　下院に対して責任を有する内閣、すなわち議院内閣制が生まれたのは、二院制と同様、イギリスである。イギリスにおいて、この制度が誕生する以前は、国王が閣議に臨御する関係上、閣議の決定は国王の決定とみなされたので、この責任内閣制という思想は形成さるべくもなかった。この制度が誕生したのは、国王ジョージの時代（在位 1714-1727）である。50歳を過ぎてからイギリス国王に即位したこのハノーファー選帝侯は、ドイツ関係以外の事案には興味を示さず、新たに統治することになったイギリスの法についての知識はほとんど持ち合わせず、それどころか、英語を解しなかったので、まもなく閣議に出席することすら中止してしまったのである。これはまた、それまでの国王が二大政党の中から親しく大臣を選任するという状況を一変させることになり「下院に対して『連帯責任』を有する大臣団」が誕生する。この制度もまた、イギリスにおけるあらゆる制度と同様、偶然の所産だったのである。そしてまた、この体制により「国王は君臨すれども統治せず」という立憲君主制が出来上がっていった。

2　行政の意義

　行政権は、内閣に属する（65条）。これは、まず、内閣及びその委任を受けた機関による作用が原則として行政であることを意味する（形式的意味の行

政)。実質的意味の行政について、通説は、国政作用から立法と司法とを控除したものとするが、行政については、より積極的に定義できる。第一に、「国家または地方公共団体の存立と維持のためになされる作用」をいい、たとえば、原則として、法律に基づいて、省庁の部局・分課を定めたり、政府職員の定員を定めて任免したり、その他防衛・外交・財政等の作用が、それである。第二に、「未組織の公衆に関する社会公共の利益の維持と増進のためになされる作用」をいい、たとえば、原則として、法律に基づいて、消防庁が延焼のおそれある建築物及び敷地を使用しまたは処分したり、国民公園等を管理するための規則に基づいて、環境大臣がその使用の許可または不許可の処分をしたり、その他国や地方公共団体による道路の新設・鉄道の敷設・公物または公企業の管理等の作用が、それである。

国会及び裁判所は、行政の監督をすることはできるが、実質的意味の行政が、内閣の権限であることから、内閣の権限を代行することはできない。

3　内　　閣

内閣に関する事項は、帝国憲法期には、勅令たる内閣官制をもって定められたが、日本国憲法の下では、法律事項であり、現在、内閣法が存在する。これによれば、内閣は、首長たる内閣総理大臣及び一定数の国務大臣、特別に必要がある場合には、一定数内の国務大臣をもって組織することになっている（内閣法2条1項、2項）[1]。

内閣は、衆議院の信任によって存立するから、内閣総理大臣が欠けたとき、または衆議院議員総選挙の後に国会の召集があったときは、総辞職しなければならない（70条）。内閣の首長であって、国務大臣の任免権者である内閣総理大臣が欠け、または内閣の信任の母体である衆議院の内実が変化したからである。総辞職した場合、内閣は、あらたに内閣総理大臣が任命されるま

---

[1] 内閣法本条は、国務大臣の数は14人以内、特別に必要がある場合においては3人を限度に増加できることを規定するが、附則によって復興大臣とオリンピック担当の2人が追加されている。

で引き続きその職務を行う（71条）。

　内閣の権限として、憲法73条は、法律の執行と国務の総理、外交関係の処理、条約の締結、官吏に関する事務の掌理、予算の作成、政令の制定、恩赦の決定について規定している。その他の内閣の権限としては、天皇の国事行為に対する助言と承認（3条、7条）、最高裁判所の長たる裁判官の指名（6条2項）、最高裁判所の長たる裁判官以外の最高裁判所裁判官及び下級裁判所裁判官の任命（79条1項、80条1項）、国会の臨時会の召集の決定（53条）、参議院の緊急集会の決定（54条2項）、予備費の支出（87条1項）、決算及び決算の検査報告の国会への提出（90条1項）、国会及び国民に対する国の財政状況の報告（91条）がある。

4　内閣の責任

　帝国憲法では、形式的には、各国務大臣が天皇を輔弼したから、行政権の行使について、国務大臣の単独責任が、建前であった。日本国憲法では、内閣が行政権の主体であるから、内閣は、最高独立の行政官庁として一体として行動しなければならず、その内閣が連帯責任を有すべきは、当然であり、その意思決定には全一致主義がとられる。したがって、閣議決定に反対の者がその決定について免責を主張するには、国務大臣を辞するよりほかに方途はない。

　内閣は、行政権の行使については、国会に対して連帯して責任を負う（66条3項）。明文の規定はないが、内閣は、天皇の国事行為に対する助言と承認についても、国会に対して連帯して責任を負う。内閣の責任は、通常、総辞職というかたちでなされるが、担当大臣の責任追求によって解決することも可能である（68条2項）。

5　内閣総理大臣

　内閣総理大臣も、広義には国務大臣である（99条）。内閣総理大臣は、国

会議員でなければならない（67条1項）。衆議院が解散された場合には、衆議院議員である内閣総理大臣の場合、国会議員ではなくなる場合もあるが、これは、日本国憲法の許容するところである。

　内閣総理大臣はその地位に伴い、国務大臣の任免権（68条）、内閣を代表する権限（72条）、法律・政令に連署する権限（74条）、国務大臣の訴追に関する同意権（75条）を有するが、その他の事項に関しては、その他の国務大臣と対等である。

6　行政委員会

　行政委員会とは、内閣の所轄の下にありながら、独立して、行政権・いわゆる準立法権・いわゆる準司法権を行使する、日本国憲法には明示に規定されていない合議制の行政庁である（行組3条）。この委員会は、権力分立の原理に反し、元来、違憲の疑いもあるが、日本国憲法が最高規範ではなかった被占領期に占領政策として生まれ、慣習憲法として現存するものである。

第6章

裁 判 所

1 司法の意義

すべて司法権は、最高裁判所及び法律の定めるところにより設置する下級裁判所に属する (76条)。司法とは、形式的意味においては、裁判所またはその系統の機関に属する作用をいい、実質的意味においては、民事及び刑事のためになされる一切の国家作用をいう。

1.1 形式的意味の司法

1.1.1 裁判所の種類 最高裁判所と法律の定めるところにより設置する下級裁判所（高等裁判所、地方裁判所、家庭裁判所、簡易裁判所）がある。

最高裁判所は、東京に置かれ、最高裁判所の長たる裁判官である最高裁判所長官及び14名の最高裁判所判事をもって構成される。

高等裁判所は、東京・大阪・名古屋・広島・福岡・仙台・札幌・高松に置かれ、高等裁判所長官及び相応な員数の判事からなる。

地方裁判所及び家庭裁判所は、相応な員数の判事及び判事補からなる。簡易裁判所は、相応な員数の簡易裁判所判事が置かれ、訴訟の目的の価額が140万円を超えない請求、罰金以下の刑に当たる罪など、比較的軽微な事件を扱う。

1.1.2 特別裁判所の禁止、行政機関による終審裁判の禁止 司法権を司法裁判所に統一する趣旨を徹底させるとともに、すべての国民に裁判の平等

及び公正を保障するために、特別裁判所の設置を禁止している（76条2項）。ここで特別裁判所とは、必ずしもその意味が明らかではないが、それは、司法裁判所と組織体系を異にする裁判所をいうものと思われる。日本国憲法が特に定めている議院の資格争訟裁判所（55条）及び弾劾裁判所（64条）は、その憲法が認めた例外であって、ここにいう特別裁判所ではない。

　行政機関は、終審として裁判を行うことはできないが、前審としてであれば、裁判を行うことができる（76条2項）。前審としての裁判の例としては、特許庁や海難審判庁の「審判」、行政機関による審査請求の「裁決」や異議申立の「決定」が挙げられる。終審としての行政機関を否定することによって、日本国憲法は、司法権の統一及び平等・公正な裁判の保障を企図しているのである。

1.2　実質的意味の司法

1.2.1　民事の作用と刑事の作用　　民事の作用とは、私法関係の秩序のために、国家が第三者の立場で、私法関係に関与する場合をいう。その目的は①私人相互の間に法を形成すること（破産宣告・離婚判決・失踪宣告、法人設立の認可等）、②私人相互の間に存在している法を保護すること（確認、公証、強制執行）、にある。

　刑事の作用とは、法規の下で犯罪者に対して刑罰を科すためにする国家の一切の作用、すなわち、犯罪者の捜索・逮捕・公訴の提起・公判・刑の宣告・刑の執行の作用の全体をいう。その目的は、犯罪者に対して刑罰を科すことである。

1.2.2　狭義の司法と日本国憲法上の司法　　司法は、狭義には民事の裁判と刑事の裁判をいう。裁判とは、訴訟手続で、実在の事件について法規を決定し宣言する国家行為をいう[1]。司法権の独立が主張される場合の司法とは、

---

[1] 通説は、司法権を狭義の意味で理解している。すると、破産宣告・離婚判決・失踪宣告等は司法ではないことになるので、家庭裁判所は、司法権以上に行政権を多く行使する機関になってしまい、司法裁判所といえるかという問題が生じる。

この意味の司法である。

　民事裁判とは、私法関係の争いについて、国家が強制力をもってその争いを裁断して、何が法律であるかについて確認し宣告する行為をいう。私的自治が原則であるから、国家が個人間に積極的に関与することはなく、当事者の訴えをもって裁判を行う（不告不理）。また、民事裁判においては、裁判所が、当事者の申立・それを理由づけるための必要な事実の陳述、必要な場合の当事者自らによる証明といった訴訟材料のみによって裁判を行うとする弁論主義が行われる。

　刑事裁判とは、犯罪者に対して犯罪の事実を認定してこれに科すべき刑罰を宣告する行為をいう。これは、国と個人との間に争いがあるためではなく、刑罰権の発動を慎重にするための形式的訴訟をいい、被害者の救済を目的とするものでもない。検察官による起訴は、刑事裁判とともに、国の刑罰権の作用であって、元来、司法の一端に属するが、狭義の司法の中枢を占めるものではなく、こんにち、検察は、組織的に行政に置かれている。また、犯罪者の捜索・逮捕にかかわる司法警察職員も組織的に行政に置かれている。

1.2.3　日本国憲法上の司法　　日本国憲法76条1項の司法権とは、実質的には、この狭義の司法に加えて、一部の行政事件の裁判を含む。日本国憲法は、終審としての行政事件の裁判を行政機関に認めず、また、処分の合憲性についても、終審としての判断を最高裁判所に留保したから、行政事件の裁判は、司法権に属するのである。

　行政事件訴訟のうち民衆訴訟（行訴5条、公選203条、204条、207条、208条、地自242条の2）と機関訴訟（行訴6条、地自176条7項）とは、主観的訴訟である抗告訴訟及び当事者訴訟と異なり、いずれも客観的訴訟であるから、権力分立の原則上、司法権の関与できる範囲は、当然に限られる。民衆訴訟及び機関訴訟はともに、法律に定める者に限って提起できる（行訴42条）が、これらは、裁判所法3条にいう法律上の争訟ではなく、実質的意味の司法権に属しないのである。

2　司法権の独立

2.1　序　　説

　司法権の独立は、裁判所（司法権）が他の権力の干渉を受けないことのほかに、裁判官が他の干渉を受けないことをも意味する。そのために、裁判官の身分は、かなり強く保障され、裁判によって回復困難な心身の故障のため執務不能と決定された場合、著しい職務違反または甚だしい職務懈怠行為及び著しい品位失墜行為の場合を除いて罷免されることはない（78条、裁判官弾劾法2条）。職務上の義務違反または職務懈怠行為及び品位失墜行為の場合は、懲戒処分の対象となるが、懲戒処分の内容は、戒告または1万円以下の過料である（裁判官分限法2条）。裁判官は、定期に相当額の報酬を受け、その報酬は、在任中、減額されない（79条6項、80条2項）。

　わが国でも、すでに大日本帝国憲法時代に、「司法権ハ天皇ノ名ニ於テ法律ニ依リ裁判所之ヲ行フ」（帝憲57条）と定めて、天皇でさえ、司法権に干渉することはできなかった。

2.2　大津事件

　しばしば「司法権の独立」に関するわが国の代表的事件として、大津事件（または湖南事件）が挙げられる。明治24年5月（1891）、来遊中のロシア皇太子ニコライを警護にあたっていた巡査が斬りつけ、傷を負わせた事件である。

　政府は、ときの大審院長児島惟謙に対して、この事件を「天皇三后皇太子ニ対シ危害ヲ加ヘ又ハ加ヘントシタル者ハ死刑ニ処ス」と定めた当時の刑法116条の適用をもって処理するようにもちかけた。そして、それが拒否されるや、事件担当の一部判事に対して直接に同旨の勧請を試みている。児島院長は、このような政府の行為を司法権に対する干渉と判断し、これに対して激しく抵抗したが、そのような児島院長の抵抗の底意には、「仮令如何なる事情困難あるも裁判官たるものは法律の正条に拠るの外なし」「日露両国国交を断絶して開戦すると否とは素より裁判官の関する処にあらず、裁判官の

眼中唯法律のみ」という考えがあった。法律を守るためには、場合によっては、戦争を覚悟せよというわけである。

　これに対して、ときの松方総理大臣の主張の中心は、「法律の解釈は然らん。然れども国家存在して始めて法律存在し、国家存在せずんば法律も生命なし。故に国家ありての法律なり。法律は国家よりも重大なるの理由なし。国家の大事に鑑みては、区区たる文字論に拘泥せずして国家生存の維持を図らざるべからず」ということにあった。法律を守っても、国家が存続しなければ、法律の擁護も、無意味というわけである。

　結局、事件は、大審院管轄の特別事件として処せられることになった。その際、大審院長に就任したばかりの児島院長は、その担当判事ではなかったにもかかわらず、直前まで所属した大阪控訴院へ「大阪控訴院事務引継の名義」をもって出張し、その途中、裁判が行われた大津に立ち寄り、担当判事に対して政府の干渉の排除を説諭し、一部担当判事の同意を得ることに成功した。

　司法権の独立との関係では、政府の干渉が存在したこともあって、大審院が自ら第1審かつ終審として行動したことは、審級制を無視したもので、違法であった。行政権による司法権の独立の侵害と併せて、司法部にも、過ちが存在したわけである。また、児島院長が担当判事に説諭したことは、司法権の独立の内容をなす裁判官の独立を侵したことになる。このようなことから、この大津事件をもって、100％司法権の独立を守った事件として論ずることは、明らかに誤りである。

　ただ、この事件より後の第一次大戦（1914-1918）の発生原因が、オーストリア皇太子に対する発砲にあったことを考えると、当時の情報網は、迅速でも正確でもなかったから、結果論としてはともかく、当時の人がこの事件の処理で苦慮したろうことは、想像するに難くない。当時は、その種の事件が戦争を誘発しかねなかったから、事に直面して、法的正義のために戦争を覚悟すべきか否かは、難解な問題であったのである。

3　最高裁判所裁判官の国民審査

　最高裁判所裁判官については、国民審査がある（79条2項）。これは、いわゆる違憲立法審査権の制度（81条）が導入されたことに伴うものである。憲法の最高解釈権がどの権力に付与されるべきかは、憲法学の問題であるが、少なくとも立法が、民意による憲法解釈の結果であるにもかかわらず、この立法に対する司法審査が可能となったために、司法の独善を民主的に抑制する仕組みが考慮されたのである。

4　法令等の合憲性審査

　最高裁判所は、一切の法律、命令、規則または処分が憲法に適合するかしないかを決定する権限を有する終審裁判所である（81条）。違憲判決の効果は、その事件の当事者についてのみ及ぶ。法令が一般的に効力を失うとすれば、国会が法律を廃止したのと同じく、裁判所が消極的に立法権を行使したことになるからである。

5　裁判の公開

　裁判の公開（82条）は、裁判に対する民主的監視の必要というよりも、もっと消極的に、密室裁判による被告人の基本権の侵害を防止するためのものである。それゆえ、密室裁判のほうが、被告人の正当な基本権の保障となる場合には、政治犯罪等を除いて（82条2項）、裁判の公開の停止は認められるべきである。しかし、わが憲法は、外国の裁判に比べて、裁判の公開の停止の要件が厳格である。

6 国民の司法への参加

6.1 序　　説

　職業裁判官ではない素人国民を司法過程に参与させる制度としては、主に英米系で採用されている陪審制度[2]、主に大陸系で採用されている参審制度がある。前者はさらに、刑事訴追の可否を決定する大陪審（起訴陪審）と、訴訟において事実の認定を行う小陪審（審理陪審）とがあり、いずれもこの過程には、職業裁判官は関与せず、裁判官は、陪審の判断にしたがって、量刑の決定を行う。他方、参審制度では、事実の認定と量刑の決定を、職業裁判官と素人国民が協同して行うものである。わが国の裁判員制度は、参審制度に含まれる。

　これら制度が、日本国憲法上、認められるかどうか、以下に検討する。

6.2 裁判員制度

　国民は、憲法に明示された義務のほかは（26条2項、27条、30条）、公共の秩序及び公共の安全すなわち公共の福祉を理由とする場合を除けば、国家によって強制的に自由を奪われることはなく、ただ経済的自由権に関連して、より広範な公共の福祉によって規制されるにすぎない（22条1項、29条2項、3項）。司法権に対する参加は、公務としての参政権に属するが、参政権は、日本国憲法が規定している場合を除き（国政選挙、最高裁判所官の国民審査、地方特別法の住民投票、憲法改正の国民投票）、代表民主制を鉄則としており（前文1段）、国民は、直接国政に参加し得ない。

　その国民に制度上、発言の義務を課したり、その良心に反して、裁判への参加を強制したりすることは、日本国憲法19条に反する。一部の信教者は、

---

[2]　イギリスでは、陪審の重要性は減退している。刑事事件における大陪審は1933年に廃止され、小陪審が用いられる割合も減少している。民事事件における陪審の使用も制限されている。こんにち、陪審制度はほとんどアメリカ一国で行われているのである。ちなみに、アメリカの陪審制度を取り上げた映画として『12人の怒れる男』（1954）が有名である。

その教義によって、他を裁くことを禁止されているから、これに裁判をさせるには、憲法上の根拠が必要であるが、日本国憲法には、そのような根拠規定はない。日本国憲法32条の裁判を受ける権利は、憲法と法律によって裁き得る者による裁判を前提としたものであり、憲法と法律を理解していない者による裁判は、裁判を受ける国民の権利を形骸化させ違憲である。憲法と法律によらない裁判は、法的な公平とは無関係であるから、日本国憲法37条1項にも反する。憲法学者には、裁判員としての義務づけをその意に反する苦役を課すものとして違憲とする者いる。

司法権は、何ものの法的影響を受けることもなく、裁判官によって行使されることになっているから（76条3項）、裁判官を除き、司法権を行使することはできない。裁判員は、司法権を行使するから、日本国憲法が予定するところではなく、違憲である。ときに裁判員の多数意見が、裁判官に法的影響を与え得る制度は、司法権の独立を侵すことになる。さらに、その裁判員は、実質、裁判官であるが、その裁判官は、最高裁判所の裁判官を除き、最高裁判所の指名した者の名簿によって内閣が任命するから（80条1項）、それ以外のものによって選任される裁判員は、日本国憲法によって容認されるところではない。

6.3 陪審制度

帝国憲法下では昭和3年から刑事陪審制が導入されたが、「裁判官ハ法律ニ定メタル資格ヲ具フル者ヲ以テ之ニ任ス」（帝憲58条）を考慮して、その判断は、裁判官を拘束するものではなかった。

現行憲法下、裁判所法3条3項は、刑事について陪審裁判の可能性を認めている。裁判所法は国会が立法したものではなく、憲法制定権力が制定したものであったから、刑事陪審制は、憲法制定権力の想定内とするところであったと思われる。しかし、日本国憲法76条2項及び3項は、憲法32条の裁判を受ける権利が裁判官による裁判を受ける権利であることを前提とした規定であるから、審理陪審は認められない。起訴陪審についても、これは司法のほんの一端にかかわるにすぎず、裁判そのものにかかわるわけではないが、

公訴の提起という国家権力を行使するものであるから、代表民主制の原則を鑑みて消極に解する。したがって、憲法制定権力の企図した刑事陪審制は、現行憲法の下では、国家機関を拘束しない限りで認められるにすぎない。

6.4 　検察審査会によるいわゆる強制起訴制度

　公訴権の実行に関し民意を反映させてその適正を図るため検察審査会が置かれている（検察審査会法1条）。検察審査会は、検察官の「公訴を提起しない処分」の当否を審査し、「不起訴不当」あるいは「起訴相当」という議決に至った場合、検察官は、事件を再検討することになる。従来は、検察審査会の議決に、検察官は拘束されなかったが、2009年の裁判新制度と同時に、検察審査会法も改正され、起訴相当の議決に対して検察官が起訴しない場合に、改めて検察審査会議で審査し、その結果、起訴をすべきであるという議決があった場合には起訴の手続きがとられるという、いわゆる強制起訴制度が導入された。国民が国家権力を行使するものであり、代表民主制の原則からは容認できるものではない。

　思うに、仮に強制力をもった「民意を反映させる」手段が必要とされるのであれば、それは権力者から被疑者の基本権を擁護するために行使されるべきであり、「起訴不当」として、検察のなした起訴を強制的に不起訴にする制度、つまり、権力の暴走抑止する制度として実現されるべきであった。近代刑法の根底には「1000人の罪人を逃すとも、1人の無辜を刑するなかれ」（無辜の不処罰）という思想が流れているからである。

第7章

財　　政

1　序　　説

　議会の制度や憲法の発展は、財政の問題と深くかかわっている。議会史は、国王に対する収入承諾権、立法権、支出承諾権、予算議定権獲得の歴史を示しているのである。それゆえ、日本国憲法も、まず財政国会中心主義を規定し（83条）、次に課税の要件を定め（84条）、続けて国費支出と債務負担について規定し（85条）、そして予算議決権について定めている（86条）。

　予備費の規定は（87条）、予見し難い予算の不足に備えたものである。皇室財産の国有化は（88条）、かつて皇室が財閥化したという認識に基づいたものである。

2　財政に関する国会の議決に対する制限

2.1　政教分離の原則

　公金その他の公の財産を、宗教上の組織もしくは団体の使用、便益もしくは維持のために支出・利用を禁じたのは（89条前段）、政教分離の原則を定めたものである。

　とはいえ、宗教的でない世俗的な目的のためであれば、特定の宗教または教会を促進、助長、支援するものでなく、国家と特定の宗教もしくは教会と過度のかかわりをもつものでない限り、公金の支出または公の財産の利用も認め得るのである。それゆえ、国宝や重要文化財として認められる教会の建

物その他の財産等の維持や修復のために補助金を支出しても、違憲ではない。地鎮祭は、宗教とかかわり合いをもつものであることは否定し得ないが、その目的は専ら世俗的なものと認められ、その効果は神道を援助、助長し、または他の宗教に圧迫、干渉を加えるものとは認められないから、これに対して、市が公金を支出しても、違憲ではない（最大判昭和52年7月13日民集31巻4号533頁）。

2.2 公の支配と慈善・教育・博愛の事業

公の支配に属しない慈善、教育もしくは博愛の事業に対して、公金の支出またはその他の財産の支出・利用を禁止した規定は（89条後段）、これらの事業がもともと個人的になされてこそ意味合いをもつものであると同時に、このような事業の美名の下に、公金または公の財産が濫用されることを憂慮したからである。

政府は、公の機関が事業に対する構成、人事、財政等について発言、指導あるいは干渉できる法的な体制が整っている場合には、公の支配がなされていると解し、私立学校法、社会福祉事業法、児童福祉法等が設けられ、公金の支出がなされている。しかし、このような監督権をもって公の支配がなされているとすれば、その他の多くの事業も公の支配に属するものとなり得るから、殊更に慈善、教育及び博愛の事業について公金の支出や公の供用を禁止した意義が失われる。

3　財政の監視

内閣から独立した会計検査院の制度を設けて（90条）、財務行政の国会以外によるチェック・システムを導入している。また、内閣の財政の民主的監視のために、内閣に対して財政状況を国会及び国民に対して報告する義務を課している（91条）。

第 8 章

地 方 自 治

1 序　　説

　地方自治は、「民主政治の最良の学校」(ブライス卿)といわれ、一定の規模をもつ先進国家は、ほぼ地方自治制を導入している。帝国憲法では、国際社会に遅れて仲間入りをしたわが国の国際的地位の向上を急ぐ必要があったから、国家がその国力を集中できるように、非常に強力な中央集権主義が採用されたが、それでも、地方自治制度は、ある程度の進展傾向を示した。緊張状態を示した国際社会の状況に左右され、戦前の一時期、地方自治制度は後退せざるを得なかったが、日本国憲法の下で著しく進化した。さらに、平成7年に実施された地方分権推進法(5年間の限時法、後に1年延長)は、わが国の政治や行政の根幹を改めるような転換を志向している。

2　地方公共団体

　日本国憲法92条は、地方公共団体がいかなるものであるかについては、明示に定めてはいない。つまり、日本国憲法は、現在の都道府県・市町村の二重構造を絶対的に保障しているわけではなく、道州・都道府県・市町村の三重構造を採用することも不可能ではなく、あるいは、二重構造を維持しながら、効果的で合理的な広域行政のための制度を新設したとしても、違憲ではない。しかし、いかなる場合にも、基礎的団体が自治団体でなければならないことは日本国憲法の要請である。

なお、東京都の特別区については、地方自治法を制定した当時は、政府部内でも、特別市と並んで、それを日本国憲法上の自治体と考えていた。しかし、昭和27年の地方自治法の改正に際して、それを、特別区は東京都という基礎団体の中の部分団体であって、日本国憲法でいう地方公共団体ではないという解釈に改めた。最高裁判所も同様の立場である（最大判昭和38年3月27日刑集17巻2号12頁）。

3　地方自治の本旨

92条の規定する「地方自治の本旨」の内容は憲法上明らかではない。地方公共団体としての意思決定が住民の直接参加によって行われること（住民自治）、及び地方公共団体が国家から独立した主体として統治権を行使すること（団体自治）であるとされるが、地方が中央からどの程度に主体的であり得るのかは依然として不明である。

4　条　　例

第1部第4章2.5「条例」（36頁）参照。

5　地方特別法

95条は、「一の地方公共団体のみに適用される特別法は、法律の定めるところにより、その地方公共団体の住民の投票においてその過半数の同意を得なければ、国会は、これを制定することができない」と規定する。この規定によって、日本国憲法は各地方公共団体の平等と住民意思の尊重を企図しているのである。

第 9 章

憲法改正

1　序　　説

　憲法改正には、全面改正・部分改正・増補という方式がある。そのうち全面改正が、現在の法典を全面的に改める体裁をとるのに対して、部分改正は、憲法典の一部を改める体裁をとる。増補は、アメリカ合衆国憲法のように、既存の憲法条項をそのままにして、これらとは別に新たな条項を付け加える体裁をとる改正をいう。

2　憲法改正の手続き

　日本国憲法の改正は、各議院の総議員の3分の2以上の賛成によって、国会が発議し、「特別の国民投票」または「国会の定める選挙の際行われる投票」によって、国民の「承認」を得なければならない（96条）。
　より具体的には、衆議院100人以上、参議院50人以上の国会議員の賛成により、憲法改正案の原案が発議され（国会法第6章の2）、この憲法改正の原案が、衆議院憲法審査会及び参議院憲法審査会で審議された後、衆議院本会議及び参議院本会議にて3分の2以上の賛成で可決されると、国会が憲法改正の発議を行い、国民に提案したものとなる。これを受けて、憲法改正の発議をした日から起算して60日以後180日以内において、国会の議決した期日に国民投票が行われ、過半数の賛成をもって、国民の「承認」となる。

3 憲法改正の限界

　憲法改正権は憲法制定権と異なる、シェイエスがいう憲法を制定する力と憲法によってつくられた力の違いである。日本国憲法の規定上、憲法制定権力が、主権者である「日本国民」であるのに対して、憲法改正権力は、「国会と有権者（たる日本国民）」ということになるから、憲法制定権力によって定められた憲法改正権力によって憲法制定権力を変え得るとする理論は、法理論的に背理する。

　実際には、何が憲法改正の限界をなすのかを確定することは困難であるが、国民主権主義、基本的人権の尊重及び永久平和主義は、憲法改正の限界をなす。いわゆる天皇制については、通説はこれを憲法改正の限界とはみなさないようであるが、憲法1条は、天皇の地位を「主権の存する日本国民の総意」（つまり憲法制定権）に根拠を置いているから、憲法改正権をもってこれを廃止することはできない。

　また、憲法改正規定自体も憲法改正の限界をなすものと考えられる。憲法改正権は、上述のように憲法制定権の下位にあるが、普通の憲法規定を改正するものであるから、普通の憲法規定に優位する。およそ、1つの法規範が存在するためには、その規範を定立する上位の規範が既に存在しなければならず、自己の権限を自己規定することは法的に不可能である。したがって、憲法改正規定の改正を改正規定そのものから導くこともまた、法理論上、不可能である。

　もっとも、憲法改正の限界を超えた行為を無効にする機関が存在しない以上、現実には、憲法とはいえ、最終的に力に屈せざるを得ない。法は、力の前には無力なのである。

第10章

最高法規

1　序　　説

　憲法は、最高法規であるから、最高法規の章（第10章）は、連邦国家でないわが国の憲法では不要である。これは、わが国の憲法が占領軍の影響を受けた名残である。強いてこの章の存在意義を求めれば、人の支配ではなく、法の支配を確認したものとして理解することはできる。

2　基本的人権と最高法規

　実定法上の最高法規である憲法に先存する法としては、ロックが論じた如く、天主がつくった自然法が考えられるが、日本国憲法97条は、①基本的人権が自然法上の自然権へと変化したもともと宗教的な法上の権利であること、②基本的人権の委託者が天主であること、③基本的人権の受託者が「現在及び将来の国民」であることを、暗示している規定である。
　基本的人権が憲法改正権の限界をなすことは、日本国憲法11条によっても、明らかであるが、97条が最高法規性に関する具体的な規定（98条）の前に置かれたことによって、憲法によって組織された憲法改正権の限界をなすものであることを改めて確認したものである。もっとも、11条が存在することから、この規定の存在意義については一考の余地がある。

3　公務員の憲法尊重擁護義務

　公務を担う公務員が最高法規である憲法を尊重しこれに従うことは、当然であり、また憲法秩序によって存在している公務員がその憲法に違反する行為や状態の発生を予防あるいは排除することも、当然のことであって、公務員の尊重擁護の義務を定める憲法99条は当然の法理を規定したものである。
　憲法尊重擁護の義務を履行しない公務員に対しては、日本国憲法99条に基づき、その懲戒責任を問う法制を設けることができる。
　国会議員及び国会議員である国務大臣等による憲法改正の論議や発案は、憲法尊重擁護義務と矛盾しない。彼らも、憲法改正がなされるまでは、日本国憲法を遵守し擁護しなければならないが、そのことは、彼らが合法的に憲法改正の論議や発案をすることを禁ずるものではないのである。

4　占領下における最高法規性

　日本国憲法が、昭和27年4月28日の独立以前に、最高法規たる憲法であったかについては疑問がある。独立以前には、憲法の上に超憲法的な権力が存在したからである。それゆえ、独立以前には、国会は、国権の最高機関とはいえず、最高裁判所も、文字通りのものではなかった。わが国は、日本国憲法が発効する以前から、憲法73条2号の外交権さえもたなかったのである。このような事実を考慮すれば、国会や裁判所の先例が、国会が国権の最高機関となる以前と以降とで、また最高裁判所が最高の裁判所となる以前と以降とで、その運用がどのように連続性をもち得るのかについては、慎重な判断を要する。

5　条約及び国際法規の順守

　法の一般理論第4章2.6「条約」（40頁）参照。

日本国憲法

(昭和21年11月3日公布、昭和22年5月3日施行)

朕は、日本国民の総意に基いて、新日本建設の礎が、定まるに至つたことを、深くよろこび、枢密顧問の諮詢及び帝国憲法第73条による帝国議会の議決を経た帝国憲法の改正を裁可し、ここにこれを公布せしめる。

御　名　御　璽

昭和21年11月3日

内閣総理大臣 兼外務大臣		吉田　　茂
国務大臣	男爵	幣原喜重郎
司法大臣		村篤太郎
内務大臣		大村清一
文部大臣		田中耕太郎
農林大臣		和田博雄
国務大臣		斎藤隆夫
逓信大臣		一松定吉
商工大臣		星島二郎
厚生大臣		河合良成
国務大臣		植原悦二郎
運輸大臣		平塚常次郎
大蔵大臣		石橋湛山
国務大臣		金森徳次郎
国務大臣		膳桂之助

日本国憲法

　日本国民は、正当に選挙された国会における代表者を通じて行動し、われらとわれらの子孫のために、諸国民との協和による成果と、わが国全土にわたつて自由のもたらす恵沢を確保し、政府の行為によつて再び戦争の惨禍が起ることのないやうにすることを決意し、ここに主権が国民に存することを宣言し、この憲法を確定する。そもそも国政は、国民の厳粛な信託によるものであつて、その権威は国民に由来し、その権力は国民の代表者がこれを行使し、その福利は国民がこれを享受する。これは人類普遍の原理であり、この憲法は、かかる原理に基くものである。われらは、これに反する一切の憲法、法令及び詔勅を排除する。

　日本国民は、恒久の平和を念願し、人間相互の関係を支配する崇高な理想を深く自覚するのであつて、平和を愛する諸国民の公正と信義に信頼して、われらの安全と生存を保持しようと決意した。われらは、平和を維持し、専制と隷従、圧迫と偏狭を地上から永遠に除去しようと努めてゐる国際社会において、名誉ある地位を占めたいと思ふ。われらは、全世界の国民が、ひとしく恐怖と欠乏から免かれ、平和のうちに生存する権利を有することを確認する。

　われらは、いづれの国家も、自国のことのみに専念して他国を無視してはならないのであつて、政治道徳の法則は、普遍的なものであり、この法則に従ふことは、自国の主権を維持し、他国と対等関係に立たうとする各国の責務であると信ずる。

　日本国民は、国家の名誉にかけ、全力をあげてこの崇高な理想と目的を達成することを誓ふ。

第1章　天　　皇

第1条〔天皇の地位・国民主権〕天皇は、日本国の象徴であり日本国民統合の象徴であつて、この地位は、主権の存する日本国民の総意に基く。

第2条〔皇位の世襲と継承〕皇位は、世襲のものであつて、国会の議決した皇室典

範の定めるところにより、これを継承する。

第3条〔天皇の国事行為に対する内閣の助言・承認と責任〕天皇の国事に関するすべての行為には、内閣の助言と承認を必要とし、内閣が、その責任を負ふ。

第4条〔天皇の権能の限界、国事行為の委任〕天皇は、この憲法の定める国事に関する行為のみを行ひ、国政に関する権能を有しない。

② 天皇は、法律の定めるところにより、その国事に関する行為を委任することができる。

第5条〔摂政〕皇室典範の定めるところにより摂政を置くときは、摂政は、天皇の名でその国事に関する行為を行ふ。この場合には、前条第1項の規定を準用する。

第6条〔天皇の任命権〕天皇は、国会の指名に基いて、内閣総理大臣を任命する。

② 天皇は、内閣の指名に基いて、最高裁判所の長たる裁判官を任命する。

第7条〔国事行為〕天皇は、内閣の助言と承認により、国民のために、左の国事に関する行為を行ふ。

一 憲法改正、法律、政令及び条約を公布すること。
二 国会を召集すること。
三 衆議院を解散すること。
四 国会議員の総選挙の施行を公示すること。
五 国務大臣及び法律の定めるその他の官吏の任免並びに全権委任状及び大使及び公使の信任状を認証すること。
六 大赦、特赦、減刑、刑の執行の免除及び復権を認証すること。
七 栄典を授与すること。
八 批准書及び法律の定めるその他の外交文書を認証すること。
九 外国の大使及び公使を接受すること。
十 儀式を行ふこと。

第8条〔皇室の財産授受〕皇室に財産を譲り渡し、又は皇室が、財産を譲り受け、若しくは賜与することは、国会の議決に基かなければならない。

第2章　戦争の放棄

第9条〔戦争の放棄、戦力の不保持、交戦権の否認〕日本国民は、正義と秩序を基調とする国際平和を誠実に希求し、国権の発動たる戦争と、武力による威嚇又は武力の行使は、国際紛争を解決する手段としては、永久にこれを放棄する。

② 前項の目的を達するため、陸海空軍その他の戦力は、これを保持しない。国の交戦権は、これを認めない。

第3章　国民の権利及び義務

第10条〔国民の要件〕日本国民たる要件は、法律でこれを定める。

第11条〔基本的人権の普遍性、永久不可侵性、固有性〕国民は、すべての基本的人権の享有を妨げられない。この憲法が国民に保障する基本的人権は、侵すことのできない永久の権利として、現在及び将来の国民に与へられる。

第12条〔自由及び権利の保持責任と濫用禁止〕この憲法が国民に保障する自由及び権利は、国民の不断の努力によつて、これを保持しなければならない。又、国民は、これを濫用してはならないのであつて、常に公共の福祉のためにこれを利用する責任を負ふ。

第13条〔個人の尊重と公共の福祉〕すべて国民は、個人として尊重される。生命、自由及び幸福追求に対する国民の権利については、公共の福祉に反しない限り、立法その他の国政の上で、最大の尊重を必要とする。

第14条〔法の下の平等、貴族制度の禁止、栄典〕すべて国民は、法の下に平等であつて、人種、信条、性別、社会的身分又は門地により、政治的、経済的又は社会的関係において、差別されない。

② 華族その他の貴族の制度は、これを認

めない。

③　栄誉、勲章その他の栄典の授与は、いかなる特権も伴はない。栄典の授与は、現にこれを有し、又は将来これを受ける者の一代に限り、その効力を有する。

第15条〔公務員の選定・罷免権、全体の奉仕者性、普通選挙・秘密投票の保障〕公務員を選定し、及びこれを罷免することは、国民固有の権利である。

②　すべて公務員は、全体の奉仕者であつて、一部の奉仕者ではない。

③　公務員の選挙については、成年者による普通選挙を保障する。

④　すべて選挙における投票の秘密は、これを侵してはならない。選挙人は、その選択に関し公的にも私的にも責任を問はれない。

第16条〔請願権〕何人も、損害の救済、公務員の罷免、法律、命令又は規則の制定、廃止又は改正その他の事項に関し、平穏に請願する権利を有し、何人も、かかる請願をしたためにいかなる差別待遇も受けない。

第17条〔国及び公共団体の賠償責任〕何人も、公務員の不法行為により、損害を受けたときは、法律の定めるところにより、国又は公共団体に、その賠償を求めることができる。

第18条〔奴隷的拘束・苦役からの自由〕何人も、いかなる奴隷的拘束も受けない。又、犯罪に因る処罰の場合を除いては、その意に反する苦役に服させられない。

第19条〔思想・良心の自由〕思想及び良心の自由は、これを侵してはならない。

第20条〔信教の自由、政教分離〕信教の自由は、何人に対してもこれを保障する。いかなる宗教団体も、国から特権を受け、又は政治上の権力を行使してはならない。

②　何人も、宗教上の行為、祝典、儀式又は行事に参加することを強制されない。

③　国及びその機関は、宗教教育その他いかなる宗教的活動もしてはならない。

第21条〔集会・結社・表現の自由、検閲の禁止、通信の秘密〕集会、結社及び言論、出版その他一切の表現の自由は、これを保障する。

②　検閲は、これをしてはならない。通信の秘密は、これを侵してはならない。

第22条〔居住・移転・職業選択の自由、外国移住・国籍離脱の自由〕何人も、公共の福祉に反しない限り、居住、移転及び職業選択の自由を有する。

②　何人も、外国に移住し、又は国籍を離脱する自由を侵されない。

第23条〔学問の自由〕学問の自由は、これを保障する。

第24条〔家族生活における個人の尊厳・両性の平等〕婚姻は、両性の合意のみに基いて成立し、夫婦が同等の権利を有することを基本として、相互の協力により、維持されなければならない。

②　配偶者の選択、財産権、相続、住居の選定、離婚並びに婚姻及び家族に関するその他の事項に関しては、法律は、個人の尊厳と両性の本質的平等に立脚して、制定されなければならない。

第25条〔国民の生存権、国の社会的保障義務〕すべて国民は、健康で文化的な最低限度の生活を営む権利を有する。

②　国は、すべての生活部面について、社会福祉、社会保障及び公衆衛生の向上及び増進に努めなければならない。

第26条〔教育を受ける権利・教育の義務〕すべて国民は、法律の定めるところにより、その能力に応じて、ひとしく教育を受ける権利を有する。

②　すべて国民は、法律の定めるところにより、その保護する子女に普通教育を受けさせる義務を負ふ。義務教育は、これを無償とする。

第27条〔勤労の権利及び義務、勤労条件の基準、児童酷使の禁止〕すべて国民は、勤労の権利を有し、義務を負ふ。

②　賃金、就業時間、休息その他の勤労条件に関する基準は、法律でこれを定め

③　児童は、これを酷使してはならない。
第28条〔労働基本権〕勤労者の団結する権利及び団体交渉その他の団体行動をする権利は、これを保障する。
第29条〔財産権〕財産権は、これを侵してはならない。
②　財産権の内容は、公共の福祉に適合するやうに、法律でこれを定める。
③　私有財産は、正当な補償の下に、これを公共のために用ひることができる。
第30条〔納税の義務〕国民は、法律の定めるところにより、納税の義務を負ふ。
第31条〔法定手続の保障〕何人も、法律の定める手続によらなければ、その生命若しくは自由を奪はれ、又はその他の刑罰を科せられない。
第32条〔裁判を受ける権利〕何人も、裁判所において裁判を受ける権利を奪はれない。
第33条〔逮捕の要件〕何人も、現行犯として逮捕される場合を除いては、権限を有する司法官憲が発し、且つ理由となつてゐる犯罪を明示する令状によらなければ、逮捕されない。
第34条〔抑留・拘禁の要件、拘禁理由の開示〕何人も、理由を直ちに告げられ、且つ、直ちに弁護人に依頼する権利を与へられなければ、抑留又は拘禁されない。又、何人も、正当な理由がなければ、拘禁されず、要求があれば、その理由は、直ちに本人及びその弁護人の出席する公開の法廷で示されなければならない。
第35条〔住居の不可侵、捜索・押収の要件〕何人も、その住居、書類及び所持品について、侵入、捜索及び押収を受けることのない権利は、第33条の場合を除いては、正当な理由に基いて発せられ、且つ捜索する場所及び押収する物を明示する令状がなければ、侵されない。
②　捜査又は押収は、権限を有する司法官憲が発する各別の令状により、これを行ふ。

第36条〔拷問・残虐刑の禁止〕公務員による拷問及び残虐な刑罰は、絶対にこれを禁ずる。
第37条〔刑事被告人の権利〕すべて刑事事件においては、被告人は、公平な裁判所の迅速な公開裁判を受ける権利を有する。
②　刑事被告人は、すべての証人に対して審問する機会を充分に与へられ、又、公費で自己のために強制的手続により証人を求める権利を有する。
③　刑事被告人は、いかなる場合にも、資格を有する弁護人を依頼することができる。被告人が自らこれを依頼することができないときは、国でこれを附する。
第38条〔不利益供述の不強要、自白の証拠能力〕何人も、自己に不利益な供述を強要されない。
②　強制、拷問若しくは脅迫による自白又は不当に長く抑留若しくは拘禁された後の自白は、これを証拠とすることができない。
③　何人も、自己に不利益な唯一の証拠が本人の自白である場合には、有罪とされ、又は刑罰を科せられない。
第39条〔遡及処罰の禁止・二重処罰の禁止〕何人も、実行の時に適法であつた行為又は既に無罪とされた行為については、刑事上の責任を問はれない。又、同一の犯罪について、重ねて刑事上の責任を問はれない。
第40条〔刑事補償〕何人も、抑留又は拘禁された後、無罪の裁判を受けたときは、法律の定めるところにより、国にその補償を求めることができる。

第4章　国　　会

第41条〔国会の地位・立法権〕国会は、国権の最高機関であつて、国の唯一の立法機関である。
第42条〔両院制〕国会は、衆議院及び参議院の両議院でこれを構成する。
第43条〔両議院の組織〕両議院は、全国民

を代表する選挙された議員でこれを組織する。
② 両議院の議員の定数は、法律でこれを定める。
第44条〔議員及び選挙人の資格〕両議院の議員及びその選挙人の資格は、法律でこれを定める。但し、人種、信条、性別、社会的身分、門地、教育、財産又は収入によつて差別してはならない。
第45条〔衆議院議員の任期〕衆議院議員の任期は、4年とする。但し、衆議院解散の場合には、その期間満了前に終了する。
第46条〔参議院議員の任期〕参議院議員の任期は、6年とし、3年ごとに議員の半数を改選する。
第47条〔選挙に関する事項の法定〕選挙区、投票の方法その他両議院の議員の選挙に関する事項は、法律でこれを定める。
第48条〔両議院議員兼職の禁止〕何人も、同時に両議院の議員たることはできない。
第49条〔議員の歳費〕両議院の議員は、法律の定めるところにより、国庫から相当額の歳費を受ける。
第50条〔議員の不逮捕特権〕両議院の議員は、法律の定める場合を除いては、国会の会期中逮捕されず、会期前に逮捕された議員は、その議院の要求があれば、会期中これを釈放しなければならない。
第51条〔議員の免責特権〕両議院の議員は、議院で行つた演説、討論又は表決について、院外で責任を問はれない。
第52条〔常会〕国会の常会は、毎年1回これを召集する。
第53条〔臨時会〕内閣は、国会の臨時会の召集を決定することができる。いづれかの議院の総議員の4分の1以上の要求があれば、内閣は、その召集を決定しなければならない。
第54条〔衆議院の解散と特別会、参議院の緊急集会〕衆議院が解散されたときは、解散の日から40日以内に、衆議院議員の総選挙を行ひ、その選挙の日から30日以内に、国会を召集しなければならない。
② 衆議院が解散されたときは、参議院は、同時に閉会となる。但し、内閣は、国に緊急の必要があるときは、参議院の緊急集会を求めることができる。
③ 前項但書の緊急集会において採られた措置は、臨時のものであつて、次の国会開会の後10日以内に、衆議院の同意がない場合には、その効力を失ふ。
第55条〔議員の資格争訟〕両議院は、各々その議員の資格に関する争訟を裁判する。但し、議員の議席を失はせるには、出席議員の3分の2以上の多数による議決を必要とする。
第56条〔定足数、表決数〕両議院は、各々その総議員の3分の1以上の出席がなければ、議事を開き議決することができない。
② 両議院の議事は、この憲法に特別の定のある場合を除いては、出席議員の過半数でこれを決し、可否同数のときは、議長の決するところによる。
第57条〔会議の公開、会議録の公表、表決の記載〕両議院の会議は、公開とする。但し、出席議員の3分の2以上の多数で議決したときは、秘密会を開くことができる。
② 両議院は、各々その会議の記録を保存し、秘密会の記録の中で特に秘密を要すると認められるもの以外は、これを公表し、且つ一般に頒布しなければならない。
③ 出席議員の5分の1以上の要求があれば、各議員の表決は、これを会議録に記載しなければならない。
第58条〔役員の選任・議院規則・懲罰〕両議院は、各々その議長その他の役員を選任する。
② 両議院は、各々その会議その他の手続及び内部の規律に関する規則を定め、又、院内の秩序をみだした議員を懲罰す

ることができる。但し、議員を除名するには、出席議員の3分の2以上の多数による議決を必要とする。

第59条〔法律の制定、衆議院の優越〕法律案は、この憲法に特別の定のある場合を除いては、両議院で可決したとき法律となる。

② 衆議院で可決し、参議院でこれと異なつた議決をした法律案は、衆議院で出席議員の3分の2以上の多数で再び可決したときは、法律となる。

③ 前項の規定は、法律の定めるところにより、衆議院が、両議院の協議会を開くことを求めることを妨げない。

④ 参議院が、衆議院の可決した法律案を受け取つた後、国会休会中の期間を除いて60日以内に、議決しないときは、衆議院は、参議院がその法律案を否決したものとみなすことができる。

第60条〔衆議院の予算先議と優越〕予算は、さきに衆議院に提出しなければならない。

② 予算について、参議院で衆議院と異なつた議決をした場合に、法律の定めるところにより、両議院の協議会を開いても意見が一致しないとき、又は参議院が、衆議院の可決した予算を受け取つた後、国会休会中の期間を除いて30日以内に、議決しないときは、衆議院の議決を国会の議決とする。

第61条〔条約の承認と衆議院の優越〕条約の締結に必要な国会の承認については、前条第2項の規定を準用する。

第62条〔議院の国政調査権〕両議院は、各々国政に関する調査を行ひ、これに関して、証人の出頭及び証言並びに記録の提出を要求することができる。

第63条〔国務大臣の議院出席の権利・義務〕内閣総理大臣その他の国務大臣は、両議院の一に議席を有すると有しないとにかかはらず、何時でも議案について発言するため議院に出席することができ

る。又、答弁又は説明のため出席を求められたときは、出席しなければならない。

第64条〔弾劾裁判所〕国会は、罷免の訴追を受けた裁判官を裁判するため、両議院の議員で組織する弾劾裁判所を設ける。

② 弾劾に関する事項は、法律でこれを定める。

第5章 内　閣

第65条〔行政権と内閣〕行政権は、内閣に属する。

第66条〔内閣の組織、文民資格、連帯責任〕内閣は、法律の定めるところにより、その首長たる内閣総理大臣及びその他の国務大臣でこれを組織する。

② 内閣総理大臣その他の国務大臣は、文民でなければならない。

③ 内閣は、行政権の行使について、国会に対し連帯して責任を負ふ。

第67条〔内閣総理大臣の指名、衆議院の優越〕内閣総理大臣は、国会議員の中から国会の議決で、これを指名する。この指名は、他のすべての案件に先だつて、これを行ふ。

② 衆議院と参議院とが異なつた指名の議決をした場合に、法律の定めるところにより、両議院の協議会を開いても意見が一致しないとき、又は衆議院が指名の議決をした後、国会休会中の期間を除いて10日以内に、参議院が、指名の議決をしないときは、衆議院の議決を国会の議決とする。

第68条〔国務大臣の任免、罷免〕内閣総理大臣は、国務大臣を任命する。但し、その過半数は、国会議員の中から選ばれなければならない。

② 内閣総理大臣は、任意に国務大臣を罷免することができる。

第69条〔内閣不信任決議と解散又は総辞職〕内閣は、衆議院で不信任の決議案を可決し、又は信任の決議案を否決したと

きは、10日以内に衆議院が解散されない限り、総辞職をしなければならない。

第70条〔総理の欠缺又は総選挙と内閣の総辞職〕内閣総理大臣が欠けたとき、又は衆議院議員総選挙の後に初めて国会の召集があつたときは、内閣は、総辞職をしなければならない。

第71条〔総辞職後の内閣による職務執行〕前２条の場合には、内閣は、あらたに内閣総理大臣が任命されるまで引き続きその職務を行ふ。

第72条〔内閣総理大臣の職権〕内閣総理大臣は、内閣を代表して議案を国会に提出し、一般国務及び外交関係について国会に報告し、並びに行政各部を指揮監督する。

第73条〔内閣の職権〕内閣は、他の一般行政事務の外、左の事務を行ふ。
一　法律を誠実に執行し、国務を総理すること。
二　外交関係を処理すること。
三　条約を締結すること。但し、事前に、時宜によつては事後に、国会の承認を経ることを必要とする。
四　法律の定める基準に従ひ、官吏に関する事務を掌理すること。
五　予算を作成して国会に提出すること。
六　この憲法及び法律の規定を実施するために、政令を制定すること。但し、政令には、特にその法律の委任がある場合を除いては、罰則を設けることができない。
七　大赦、特赦、減刑、刑の執行の免除及び復権を決定すること。

第74条〔法律・政令の署名・連署〕法律及び政令には、すべて主任の国務大臣が署名し、内閣総理大臣が連署することを必要とする。

第75条〔国務大臣の訴追〕国務大臣は、その在任中、内閣総理大臣の同意がなければ、訴追されない。但し、これがため、訴追の権利は、害されない。

第６章　司　　法

第76条〔司法権・裁判所、特別裁判所の禁止、裁判官の独立〕すべて司法権は、最高裁判所及び法律の定めるところにより設置する下級裁判所に属する。
②　特別裁判所は、これを設置することができない。行政機関は、終審として裁判を行ふことができない。
③　すべて裁判官は、その良心に従ひ独立してその職権を行ひ、この憲法及び法律にのみ拘束される。

第77条〔最高裁判所の規則制定権〕最高裁判所は、訴訟に関する手続、弁護士、裁判所の内部規律及び司法事務処理に関する事項について、規則を定める権限を有する。
②　検察官は、最高裁判所の定める規則に従はなければならない。
③　最高裁判所は、下級裁判所に関する規則を定める権限を、下級裁判所に委任することができる。

第78条〔裁判官の身分保障〕裁判官は、裁判により、心身の故障のために職務を執ることができないと決定された場合を除いては、公の弾劾によらなければ罷免されない。裁判官の懲戒処分は、行政機関がこれを行ふことはできない。

第79条〔最高裁判所の構成、国民審査、定年、報酬〕最高裁判所は、その長たる裁判官及び法律の定める員数のその他の裁判官でこれを構成し、その長たる裁判官以外の裁判官は、内閣でこれを任命する。
②　最高裁判所の裁判官の任命は、その任命後初めて行はれる衆議院議員総選挙の際国民の審査に付し、その後10年を経過した後初めて行はれる衆議院議員総選挙の際更に審査に付し、その後も同様とする。
③　前項の場合において、投票者の多数が裁判官の罷免を可とするときは、その裁判官は、罷免される。

④ 審査に関する事項は、法律でこれを定める。
⑤ 最高裁判所の裁判官は、法律の定める年齢に達した時に退官する。
⑥ 最高裁判所の裁判官は、すべて定期に相当額の報酬を受ける。この報酬は、在任中、これを減額することができない。
第80条〔下級裁判所の裁判官、任期、定年、報酬〕下級裁判所の裁判官は、最高裁判所の指名した者の名簿によつて、内閣でこれを任命する。その裁判官は、任期を10年とし、再任されることができる。但し、法律の定める年齢に達した時には退官する。
② 下級裁判所の裁判官は、すべて定期に相当額の報酬を受ける。この報酬は、在任中、これを減額することができない。
第81条〔違憲審査制〕最高裁判所は、一切の法律、命令、規則又は処分が憲法に適合するかしないかを決定する権限を有する終審裁判所である。
第82条〔裁判の公開〕裁判の対審及び判決は、公開法廷でこれを行ふ。
② 裁判所が、裁判官の全員一致で、公の秩序又は善良の風俗を害する虞があると決した場合には、対審は、公開しないでこれを行ふことができる。但し、政治犯罪、出版に関する犯罪又はこの憲法第3章で保障する国民の権利が問題となつてゐる事件の対審は、常にこれを公開しなければならない。

第7章 財　　政

第83条〔財政処理の基本原理〕国の財政を処理する権限は、国会の議決に基いて、これを行使しなければならない。
第84条〔租税法律主義〕あらたに租税を課し、又は現行の租税を変更するには、法律又は法律の定める条件によることを必要とする。
第85条〔国費の支出及び国の債務負担〕国費を支出し、又は国が債務を負担するには、国会の議決に基くことを必要とする。
第86条〔予算の作成と議決〕内閣は、毎会計年度の予算を作成し、国会に提出して、その審議を受け議決を経なければならない。
第87条〔予備費〕予見し難い予算の不足に充てるため、国会の議決に基いて予備費を設け、内閣の責任でこれを支出することができる。
② すべて予備費の支出については、内閣は、事後に国会の承諾を得なければならない。
第88条〔皇室財産・皇室費用〕すべて皇室財産は、国に属する。すべて皇室の費用は、予算に計上して国会の議決を経なければならない。
第89条〔公の財産の支出・利用提供の制限〕公金その他の公の財産は、宗教上の組織若しくは団体の使用、便益若しくは維持のため、又は公の支配に属しない慈善、教育若しくは博愛の事業に対し、これを支出し、又はその利用に供してはならない。
第90条〔決算審査、会計検査院〕国の収入支出の決算は、すべて毎年会計検査院がこれを検査し、内閣は、次の年度に、その検査報告とともに、これを国会に提出しなければならない。
② 会計検査院の組織及び権限は、法律でこれを定める。
第91条〔内閣の財政状況報告〕内閣は、国会及び国民に対し、定期に、少くとも毎年1回、国の財政状況について報告しなければならない。

第8章 地方自治

第92条〔地方自治の基本原則〕地方公共団体の組織及び運営に関する事項は、地方自治の本旨に基いて、法律でこれを定める。
第93条〔地方議会、長・議員等の直接選挙〕地方公共団体には、法律の定めるところにより、その議事機関として議会を

設置する。
② 　地方公共団体の長、その議会の議員及び法律の定めるその他の吏員は、その地方公共団体の住民が、直接これを選挙する。
第94条〔地方公共団体の権能・条例制定権〕地方公共団体は、その財産を管理し、事務を処理し、及び行政を執行する権能を有し、法律の範囲内で条例を制定することができる。
第95条〔特別法の住民投票〕一の地方公共団体のみに適用される特別法は、法律の定めるところにより、その地方公共団体の住民の投票においてその過半数の同意を得なければ、国会は、これを制定することができない。

第9章　改　　正

第96条〔憲法改正の手続、その公布〕この憲法の改正は、各議院の総議員の３分の２以上の賛成で、国会が、これを発議し、国民に提案してその承認を経なければならない。この承認には、特別の国民投票又は国会の定める選挙の際行はれる投票において、その過半数の賛成を必要とする。
② 　憲法改正について前項の承認を経たときは、天皇は、国民の名で、この憲法と一体を成すものとして、直ちにこれを公布する。

第10章　最　高　法　規

第97条〔基本的人権の本質〕この憲法が日本国民に保障する基本的人権は、人類の多年にわたる自由獲得の努力の成果であつて、これらの権利は、過去幾多の試錬に堪へ、現在及び将来の国民に対し、侵すことのできない永久の権利として信託されたものである。
第98条〔憲法の最高法規性、国際法規の遵守〕この憲法は、国の最高法規であつて、その条規に反する法律、命令、詔勅及び国務に関するその他の行為の全部又は一部は、その効力を有しない。
② 　日本国が締結した条約及び確立された国際法規は、これを誠実に遵守することを必要とする。
第99条〔憲法尊重擁護の義務〕天皇又は摂政及び国務大臣、国会議員、裁判官その他の公務員は、この憲法を尊重し擁護する義務を負ふ。

第11章　補　　則

第100条〔施行期日、施行の準備〕この憲法は、公布の日から起算して６箇月を経過した日から、これを施行する。
② 　この憲法を施行するために必要な法律の制定、参議院議員の選挙及び国会召集の手続並びにこの憲法を施行するために必要な準備手続は、前項の期日よりも前に、これを行ふことができる。
第101条〔経過規定(1)―参議院未成立の間の国会〕この憲法施行の際、参議院がまだ成立してゐないときは、その成立するまでの間、衆議院は、国会としての権限を行ふ。
第102条〔経過規定(2)―第１期参議院議員の任期〕この憲法による第１期の参議院議員のうち、その半数の者の任期は、これを３年とする。その議員は、法律の定めるところにより、これを定める。
第103条〔経過規定(3)―憲法施行の際の公務員〕この憲法施行の際現に在職する国務大臣、衆議院議員及び裁判官並びにその他の公務員で、その地位に相応する地位がこの憲法で認められてゐる者は、法律で特別の定をした場合を除いては、この憲法施行のため、当然にはその地位を失ふことはない。但し、この憲法によつて、後任者が選挙又は任命されたときは、当然その地位を失ふ。

大日本帝国憲法

(明治22年2月11日公布、明治23年11月29日施行))

　　　告　文

皇朕レ謹ミ畏ミ
皇祖
皇宗ノ神霊ニ誥ケ白サク皇朕レ天壌無窮ノ宏謨ニ循ヒ惟神ノ宝祚ヲ承継シ旧図ヲ保持シテ敢テ失墜スルコト無シ顧ミルニ世局ノ進運ニ膺リ人文ノ発達ニ随ヒ宜ク
皇祖
皇宗ノ遺訓ヲ明徴ニシ典憲ヲ成立シ条章ヲ昭示シ内ハ以テ子孫ノ率由スル所ト為シ外ハ以テ臣民翼賛ノ道ヲ広メ永遠ニ遵行セシメ益々国家ノ丕基ヲ鞏固ニシ八洲民生ノ慶福ヲ増進スヘシ茲ニ皇室典範及憲法ヲ制定ス惟フニ此レ皆
皇祖
皇宗ノ後裔ニ貽シタマヘル統治ノ洪範ヲ紹述スルニ外ナラス而シテ朕カ躬ニ逮テ時ト倶ニ挙行スルコトヲ得ルハ洵ニ
皇祖
皇宗及我カ
皇考ノ威霊ニ倚藉スルニ由ラサルハ無シ皇朕レ仰テ
皇祖
皇宗及
皇考ノ神祐ヲ.リ併セテ朕カ現在及将来ニ臣民ニ率先シ此ノ憲章ヲ履行シテ愆ラサラムコトヲ誓フ庶幾クハ
神霊此レヲミタマヘ

　　　憲法発布勅語

朕国家ノ隆昌ト臣民ノ慶福トヲ以テ中心ノ欣栄トシ朕カ祖宗ニ承クルノ大権ニ依リ現在及将来ノ臣民ニ対シ此ノ不磨ノ大典ヲ宣布ス
惟フニ我カ我カ宗我カ臣民祖先ノ協力輔翼ニ倚リ我カ帝国ヲ肇造シ以テ無窮ニ垂レタリ此レ我カ神聖ナル祖宗ノ威徳ト並ニ臣民ノ忠実勇武ニシテ国ヲ愛シ公ニ殉ヒ以テ此ノ光輝アル国史ノ成跡ヲ貽シタルナリ朕我カ臣民ハ即チ祖宗ノ忠良ナル臣民ノ子孫ナルヲ回想シ其ノ朕カ意ヲ奉体シ朕カ事ヲ奨順シ相与ニ和衷協同シ益々我カ帝国ノ光栄ヲ中外ニ宣揚シ祖宗ノ遺業ヲ永久ニ鞏固ナラシムルノ希望ヲ同クシ此ノ負担ヲ分ツニ堪フルコトヲ疑ハサルナリ

────────────

朕祖宗ノ遺烈ヲ承ケ万世一系ノ帝位ヲ践ミ朕カ親愛スル所ノ臣民ハ即チ朕カ祖宗ノ恵撫慈養シタマヒシ所ノ臣民ナルヲ念ヒ其ノ康福ヲ増進シ其ノ懿徳良能ヲ発達セシメムコトヲ願ヒ又其ノ翼賛ニ依リ与ニ倶ニ国家ノ進運ヲ扶持セムコトヲ望ミ乃チ明治14年10月12日ノ詔命ヲ履践シ茲ニ大憲ヲ制定シ朕カ率由スル所ヲ示シ朕カ後嗣及臣及臣民ノ子孫タル者ヲシテ永遠ニ循行スル所ヲ知ラシム
国家統治ノ大権ハ朕之ヲ祖宗ニ承ケテ之ヲ子孫ニ伝フル所ナリ朕及朕カ子孫ハ将来此ノ憲法ノ条章ニ循ヒ之ヲ行フコトヲラ愆サルヘシ
朕ハ我カ臣民ノ権利及財産ノ安全ヲ貴重シ及之ヲ保護シ此ノ憲法及法律ノ範囲内ニ於テ其ノ享有ヲ完全ナラシムヘキコトヲ宣言ス
帝国議会ハ明治23年ヲ以テ之ヲ召集シ議会開会ノ時ヲ以テ此ノ憲法ヲシテ有効ナラシムルノ期トスヘシ
将来若此ノ憲法ノ或ル条章ヲ改定スルノ必要ナル時宜ヲ見ルニ至ラハ朕及朕カ継統ノ子孫ハ発議ノ権ヲ執リ之ヲ議会ニ付シ議会ハ此ノ憲法ニ定メタル要件ニ依リ之ヲ議決

スルノ外朕カ子孫及臣民ハ敢テ之カ紛更ヲ試ミルコトヲ得サルヘシ
朕カ在廷ノ大臣ハ朕カ為ニ此ノ憲法ヲ施行スルノ責ニ任スヘク朕カ現在及将来ノ臣民ハ此ノ憲法ニ対シ永遠ニ従順ノ義務ヲ負フヘシ

御 名 御 璽
明治22年2月11日

内閣総理大臣　伯爵　黒田清隆
枢密院議長　　伯爵　伊藤博文
外務大臣　　　伯爵　大隈重信
海軍大臣　　　伯爵　西郷従道
農商務大臣　　伯爵　井上　馨
司法大臣　　　伯爵　山田顕義
大蔵大臣
兼内務大臣　　伯爵　松方正義
陸軍大臣　　　伯爵　大山　巌
文部大臣　　　子爵　森　有礼
逓信大臣　　　子爵　榎本武揚

大日本帝国憲法

第1章 天皇

第1条　大日本帝国ハ万世一系ノ天皇之ヲ統治ス
第2条　皇位ハ皇室典範ノ定ムル所ニ依リ皇男子孫之ヲ継承ス
第3条　天皇ハ神聖ニシテ侵スヘカラス
第4条　天皇ハ国ノ元首ニシテ統治権ヲ総攬シ此ノ憲法ノ条規ニ依リ之ヲ行フ
第5条　天皇ハ帝国議会ノ協賛ヲ以テ立法権ヲ行フ
第6条　天皇ハ法律ヲ裁可シ其ノ公布及執行ヲ命ス
第7条　天皇ハ帝国議会ヲ召集シ其ノ開会閉会停会及衆議院ノ解散ヲ命ス
第8条　天皇ハ公共ノ安全ヲ保持シ又ハ其ノ災厄ヲ避クル為緊急ノ必要ニ由リ帝国議会閉会ノ場合ニ於テ法律ニ代ヘキ勅令ヲ発ス
② 此ノ勅令ハ次ノ会期ニ於テ帝国議会ニ提出スヘシ若議会ニ於テ承諾セサルトキハ政府ハ将来ニ向テ其ノ効力ヲ失フコトヲ公布スヘシ
第9条　天皇ハ法律ヲ執行スル為ニ又ハ公共ノ安寧秩序ヲ保持シ及臣民ノ幸福ヲ増進スル為ニ必要ナル命令ヲ発シ又ハ発セシム但シ命令ヲ以テ法律ヲ変更スルコトヲ得ス
第10条　天皇ハ行政各部ノ官制及文武官ノ俸給ヲ定メ及文武官ヲ任免ス但シ此ノ憲法又ハ他ノ法律ニ特例ヲ掲ケタルモノハ各々其ノ条項ニ依ル
第11条　天皇ハ陸海軍ヲ統帥ス
第12条　天皇ハ陸海軍ノ編制及常備兵額ヲ定ム
第13条　天皇ハ戦ヲ宣シ和ヲ講シ及諸般ノ条約ヲ締結ス
第14条　天皇ハ戒厳ヲ宣告ス
② 戒厳ノ要件及効力ハ法律ヲ以テ之ヲ定ム
第15条　天皇ハ爵位勲章及其ノ他ノ栄典ヲ授与ス
第16条　天皇ハ大赦特赦減刑及復権ヲ命ス
第17条　摂政ヲ置クハ皇室典範ノ定ムル所ニ依ル
② 摂政ハ天皇ノ名ニ於テ大権ヲ行フ

第2章 臣民権利義務

第18条　日本臣民タル要件ハ法律ノ定ムル所ニ依ル
第19条　日本臣民ハ法律命令ノ定ムル所ノ資格ニ応シ均ク文武官ニ任セラレ及其ノ他ノ公務ニ就クコトヲ得
第20条　日本臣民ハ法律ノ定ムル所ニ従ヒ兵役ノ義務ヲ有ス
第21条　日本臣民ハ法律ノ定ムル所ニ従ヒ納税ノ義務ヲ有ス
第22条　日本臣民ハ法律ノ範囲内ニ於テ居住及移転ノ自由ヲ有ス
第23条　日本臣民ハ法律ニ依ルニ非スシテ逮捕監禁審問処罰ヲ受クルコトナシ
第24条　日本臣民ハ法律ニ定メタル裁判官

ノ裁判ヲ受クルノ権ヲ奪ハル、コトナシ
第25条　日本臣民ハ法律ニ定メタル場合ヲ除ク外其ノ許諾ナクシテ住所ニ侵入セラレ及捜索セラル、コトナシ
第26条　日本臣民ハ法律ニ定メタル場合ヲ除ク外信書ノ秘密ヲ侵サル、コトナシ
第27条　日本臣民ハ其ノ所有権ヲ侵サル、コトナシ
②　公益ノ為必要ナル処分ハ法律ノ定ムル所ニ依ル
第28条　日本臣民ハ安寧秩序ヲ妨ケス及臣民タルノ義務ニ背カサル限ニ於テ信教ノ自由ヲ有ス
第29条　日本臣民ハ法律ノ範囲内ニ於テ言論著作印行集会及結社ノ自由ヲ有ス
第30条　日本臣民ハ相当ノ敬礼ヲ守リ別ニ定ムル所ノ規程ニ従ヒ請願ヲ為スコトヲ得
第31条　本章ニ掲ケタル条規ハ戦時又ハ国家事変ノ場合ニ於テ天皇大権ノ施行ヲ妨クルコトナシ
第32条　本章ニ掲ケタル条規ハ陸海軍ノ法令又ハ紀律ニ牴触セサルモノニ限リ軍人ニ準行ス

第3章　帝国議会

第33条　帝国議会ハ貴族院衆議院ノ両院ヲ以テ成立ス
第34条　貴族院ハ貴族院令ノ定ムル所ニ依リ皇族華族及勅任セラレタル議員ヲ以テ組織ス
第35条　衆議院ハ選挙法ノ定ムル所ニ依リ公選セラレタル議員ヲ以テ組織ス
第36条　何人モ同時ニ両議院ノ議員タルコトヲ得ス
第37条　凡テ法律ハ帝国議会ノ協賛ヲ経ルヲ要ス
第38条　両議院ハ政府ノ提出スル法律案ヲ議決シ及各々法律案ヲ提出スルコトヲ得
第39条　両議院ノ一ニ於テ否決シタル法律案ハ同会期中ニ於テ再ヒ提出スルコトヲ得ス
第40条　両議院ハ法律又ハ其ノ他ノ事件ニ付キ各々其ノ意見ヲ政府ニ建議スルコトヲ得但シ其ノ採納ヲ得サルモノハ同会期中ニ於テ再ヒ建議スルコトヲ得ス
第41条　帝国議会ハ毎年之ヲ召集ス
第42条　帝国議会ハ3箇月ヲ以テ会期トス必要アル場合ニ於テハ勅命ヲ以テ之ヲ延長スルコトアルヘシ
第43条　臨時緊急ノ必要アル場合ニ於テ常会ノ外臨時会ヲ召集スヘシ
②　臨時会ノ会期ヲ定ムルハ勅命ニ依ル
第44条　帝国議会ノ開会閉会会期ノ延長及停会ハ両院同時ニ之ヲ行フヘシ
②　衆議院解散ヲ命セラレタルトキハ貴族院ハ同時ニ停会セラルヘシ
第45条　衆議院解散ヲ命セラレタルトキハ勅令ヲ以テ新ニ議員ヲ選挙セシメ解散ノ日ヨリ5箇月以内ニ之ヲ召集スヘシ
第46条　両議院ハ各々其ノ総議員3分ノ1以上出席スルニ非サレハ議事ヲ開キ議決ヲ為ス事ヲ得ス
第47条　両議院ノ議事ハ過半数ヲ以テ決ス可否同数ナルトキハ議長ノ決スル所ニ依ル
第48条　両議院ノ会議ハ公開ス但シ政府ノ要求又ハ其ノ院ノ決議ニ依リ秘密会ト為スコトヲ得
第49条　両議院ハ各々天皇ニ上奏スルコトヲ得
第50条　両議院ハ臣民ヨリ呈出スル請願書ヲ受クルコトヲ得
第51条　両議院ハ此ノ憲法及議院法ニ掲クルモノノ外内部ノ整理ニ必要ナル諸規則ヲ定ムルコトヲ得
第52条　両議院ノ議員ハ議院ニ於テ発言シタル意見及表決ニ付院外ニ於テ責ヲ負フコトナシ但シ議員自ラ其ノ言論ヲ演説刊行筆記又ハ其ノ他ノ方法ヲ以テ公布シタルトキハ一般ノ法律ニ依リ処分セラルヘシ
第53条　両議院ノ議員ハ現行犯罪又ハ内乱外患ニ関ル罪ヲ除ク外会期中其ノ院ノ許諾ナクシテ逮捕セラル、コトナシ
第54条　国務大臣及政府委員ハ何時タリト

モ各議院ニ出席シ及発言スルコトヲ得

第4章　国務大臣及枢密顧問

第55条　国務各大臣ハ天皇ヲ輔弼シ其ノ責ニ任ス

② 凡テ法律勅令其ノ他国務ニ関ル詔勅ハ国務大臣ノ副署ヲ要ス

第56条　枢密顧問ハ枢密院官制ノ定ムル所ニ依リ天皇ノ諮詢ニ応ヘ重要ノ国務ヲ審議ス

第5章　司法

第57条　司法権ハ天皇ノ名ニ於テ法律ニ依リ裁判所之ヲ行フ

② 裁判所ノ構成ハ法律ヲ以テ之ヲ定ム

第58条　裁判官ハ法律ニ定メタル資格ヲ具フル者ヲ以テ之ニ任ス

② 裁判官ハ刑法ノ宣告又ハ懲戒ノ処分ニ由ルノ外其ノ職ヲ免セラルヽコトナシ

③ 懲戒ノ条規ハ法律ヲ以テ之ヲ定ム

第59条　裁判ノ対審判決ハ之ヲ公開ス但シ安寧秩序又ハ風俗ヲ害スルノ虞アルトキハ法律ニ依リ又ハ裁判所ノ決議ヲ以テ対審ノ公開ヲ停ムルコトヲ得

第60条　特別裁判所ノ管轄ニ属スヘキモノハ別ニ法律ヲ以テ之ヲ定ム

第61条　行政官庁ノ違法処分ニ由リ権利ヲ傷害セラレタリトスルノ訴訟ニシテ別ニ法律ヲ以テ定メタル行政裁判所ノ裁判ニ属スヘキモノハ司法裁判所ニ於テ受理スルノ限ニ在ラス

第6章　会計

第62条　新ニ租税ヲ課シ及税率ヲ変更スルハ法律ヲ以テ之ヲ定ムヘシ

② 但シ報償ニ属スル行政上ノ手数料及其ノ他ノ収納金ハ前項ノ限ニ在ラス

③ 国債ヲ起シ及予算ニ定メタルモノヲ除ク外国庫ノ負担トナルヘキ契約ヲ為スハ帝国議会ノ協賛ヲ経ヘシ

第63条　現行ノ租税ハ更ニ法律ヲ以テ之ヲ改メサル限ハ旧ニ依リ之ヲ徴収ス

第64条　国家ノ歳出歳入ハ毎年予算ヲ以テ帝国議会ノ協賛ヲ経ヘシ

② 予算ノ款項ニ超過シ又ハ予算ノ外ニ生シタル支出アルトキハ後日帝国議会ノ承諾ヲ求ムルヲ要ス

第65条　予算ハ前ニ衆議院ニ提出スヘシ

第66条　皇室経費ハ現在ノ定額ニ依リ毎年国庫ヨリ之ヲ支出シ将来増額ヲ要スル場合ヲ除ク外帝国議会ノ協賛ヲ要セス

第67条　憲法上ノ大権ニ基ツケル既定ノ歳出及法律ノ結果ニ由リ又ハ法律上政府ノ義務ニ属スル歳出ハ政府ノ同意ナクシテ帝国議会之ヲ廃除シ又ハ削減スルコトヲ得ス

第68条　特別ノ須要ニ因リ政府ハ予メ年限ヲ定メ継続費トシテ帝国議会ノ協賛ヲ求ムルコトヲ得

第69条　避クヘカラサル予算ノ不足ヲ補フ為ニ又ハ予算ノ外ニ生シタル必要ノ費用ニ充ツル為ニ予備費ヲ設クヘシ

第70条　公共ノ安全ヲ保持スル為緊急ノ需要アル場合ニ於テ内外ノ情形ニ因リ政府ハ帝国議会ヲ召集スルコト能ハサルトキハ勅令ニ依リ財政上必要ノ処分ヲ為スコトヲ得

② 前項ノ場合ニ於テハ次ノ会期ニ於テ帝国議会ニ提出シ其ノ承諾ヲ求ムルヲ要ス

第71条　帝国議会ニ於イテ予算ヲ議定セス又ハ予算成立ニ至ラサルトキハ政府ハ前年度ノ予算ヲ施行スヘシ

第72条　国家ノ歳出歳入ノ決算ハ会計検査院之ヲ検査確定シ政府ハ其ノ検査報告ト俱ニ之ヲ帝国議会ニ提出スヘシ

② 会計検査院ノ組織及職権ハ法律ヲ以テ之ヲ定ム

第7章　補則

第73条　将来此ノ憲法ノ条項ヲ改正スルノ必要アルトキハ勅命ヲ以テ議案ヲ帝国議会ノ議ニ付スヘシ

② 此ノ場合ニ於テ両議院ハ各々其ノ総員三分ノ二以上出席スルニ非サレハ議事ヲ開クコトヲ得ス出席議員3分ノ2以上ノ多数ヲ得ルニ非サレハ改正ノ議決ヲ為ス

コトヲ得ス

第74条　皇室典範ノ改正ハ帝国議会ノ議ヲ経ルヲ要セス

② 皇室典範ヲ以テ此ノ憲法ノ条規ヲ変更スルコトヲ得ス

第75条　憲法及皇室典範ハ摂政ヲ置クノ間之ヲ変更スルコトヲ得ス

第76条　法律規則命令又ハ何等ノ名称ヲ用キタルニ拘ラス此ノ憲法ニ矛盾セサル現行ノ法令ハ総テ遵由ノ効力ヲ有ス

② 歳出上政府ノ義務ニ係ル現在ノ契約又ハ命令ハ総テ第67条ノ例ニ依ル

著　者	**天野聖悦**（あまの　せいえつ）
	昭和 51 年生（秋田県出身）
現　在	日本大学理工学部助教　博士（法学）
	一般社団法人　日本教育基準協会　理事
主要著書	NHK 受信料制度違憲の論理（東京図書出版会）
主要論文	裁判員制度の違憲性

原著者	**青山武憲**（あおやま　たけのり）
	昭和 17 年台湾生（熊本県出身）
	元日本大学教授
主要著書	短評平成日本を考える（八千代出版）
	新訂憲法（啓正社）
	法学（成蹊堂）

法学と憲法の教科書

2014 年 3 月 31 日　第 1 版 1 刷発行
2020 年 4 月 20 日　第 1 版 4 刷発行

著　者──天　野　聖　悦
発行者──森　口　恵　美　子
印刷所──シナノ印刷㈱
製本所──㈱グリーン
発行所──八千代出版株式会社

〒101-0061　東京都千代田区神田三崎町 2-2-13
　　　　　TEL　03-3262-0420
　　　　　FAX　03-3237-0723
　　　　　振替　00190-4-168060

＊定価はカバーに表示してあります。
＊落丁・乱丁本はお取り替えいたします。

ISBN 978-4-8429-1622-4　　　　　©2014 Printed in Japan